JN322200

強い会社のマネジメントを探る
会社の「見方」

清水涼子 著

同文舘出版

はしがき

　学生や社会人になって間もない若い人の中で会社のマネジメントに興味を覚えない人はいないことでしょう。どうすれば世間をあっと言わせる成長著しい会社を作れるのか，どうすれば社員全員が一丸となって前向きに働ける環境作りができるのかなど，会社の成功の秘訣を知りたいと思うことでしょう。筆者もこれまでいつもそのよう関心を抱きながらいろいろな会社や組織に接してきました。

　会社が成功するには，斬新なアイディアだけでは足りず，それを持続させさらに展開させる粘り強さが必要なのだと思います。時には逆風が吹いて転覆しそうになり，その中で何とか経営を立て直さなくてはならない事態も起こるでしょう。このようにさまざまな環境の中で会社の進むべき方向に舵取りを行い，社員を導いていくことがマネジメントなのです。

　このプロセスにおいては，法律や会計といった一見地味な知識が大変重要になってきます。成功の裏には必ず冷徹な計算があるということを忘れてはなりません。

　"会計は，経理部のやっている日の目の当たらない地味な仕事"というのは大変な誤解です。マネジメントの成否は必ず数値で評価されます。会社の業績や財務的な健全性等は数値として公表され，他の会社と容易に比較されることになります。会計は社会インフラでもあるのです。マネジメントに携わる人は自らの会社の数値について責任をもたなければならない上に，これから行おうとする意思決定が数値にどのような影響を与えるかを十分検討しなければなりません。

　つまり，マネジメントには会計の知識が不可欠なのです。特に最近，経営者の見積りや計画といったマネジメントのキーとなるものが会計にいっそう反映されるようになってきました。会社の健全な発展のためには，経営者がこれらのことを十分に理解しておく必要があります。

本書は，現実の会社のマネジメントの理解に資するよう，基本的な会計の仕組みを中心に，関連する法律やその他の知識を解説したものです。本書を学ぶことによってマネジメントの中で会計が果たす重要な役割を理解していただけるものと思います。

　そして，これから就職活動を行う学生にとっては自分に相応しい会社選びにおいて，あるいはすでに社会人となった方にとっても日々の業務において，少しでも役立つことを期待しています。

　　2016年2月

清水　涼子

会社の「見方」● もくじ

序章　会社を総合的にみる

■ 会社のチェックポイント……………………………………… 4
1. 会社の志望理由　4
2. 会社のチェックポイント　5
3. 競合会社の違いを知る　8

第1章　会社の成り立ちを知る

1 株式の話……………………………………………………… 16
1. 株式の役割　16
2. 会社の資本政策　18
3. 株価の変動　25

2 会社の組織…………………………………………………… 27
1. 法律上の機関　27
2. 業務執行上の組織　32

第2章　会社の成績を知る

1 ディスクロージャー制度…………………………………… 38
1. 会計情報の分類　38
2. 会社法　40
3. 金融商品取引法　41
4. 税務会計　43

iii

5. 証券取引所の要請に基づく開示　44
　6. 監査の役割　44
　7. インサイダー取引　46

2 財務諸表の作成原理 ……………………………………… 48
　1. 財務諸表とは　48
　2. 複式簿記の仕組み　55
　3. 発生主義会計の考え方　57
　4. 会計理論　63
　5. 国際会計（財務報告）基準　67

3 連結財務諸表 ……………………………………………… 69
　1. どこまでをグループに含めるか　69
　2. 連結の手続　71
　3. 持分法の手続　73
　4. セグメント情報　74
　5. 連結会社の管理　76
　6. 連単倍率による財務分析　76
　7. 連結納税制度　77

4 会社の経営分析 …………………………………………… 78
　1. 決算短信における分析指標　78
　2. 経営分析の視点　79
　3. 安全性分析　80
　4. 活動性分析　82
　5. 収益性分析　83
　6. 生産性分析　86
　7. その他の分析　87

第3章　会社の戦略を知る

1 会社の計画 ……………………………………………………… 90
1. 経営理念と経営計画　90
2. 予算管理　92
3. 予算のプロセス　94
4. 予算管理の問題点と改善策　96

2 会社のグループ経営 …………………………………………… 98
1. グループ経営の重要性　98
2. 持株会社制度　99
3. 間接部門の統合　101
4. M＆A　102

3 原価計算と原価管理 ………………………………………… 107
1. 製造原価明細書　107
2. 原価計算とは　108
3. 費用の分類　111
4. 原価計算　112
5. CVP分析と直接原価計算　114
6. 原価管理の手法　117

4 資金管理とキャッシュ・フロー経営 ……………………… 119
1. 資金管理の必要性　119
2. 資金調達方法の決定　122
3. キャッシュ・フロー計算書の見方　124

5 研究開発と特許戦略 ………………………………………… 127
1. 研究開発活動　127
2. 研究開発活動の会計処理と開示　131
3. 研究開発活動の成果　134

6 設備投資 ·· 137
1. 設備投資の内容　137
2. 設備投資の意思決定　139
3. リースによる設備投資　143
4. 固定資産の減損　145

第4章　会社の内部管理を知る

1 会社のガバナンスとリスク・マネジメント ···················· 150
1. コーポレート・ガバナンスとは　150
2. 内部統制　152
3. リスク・マネジメント　155
4. CSR報告書と統合報告　156

2 会社の人事 ··· 158
1. モチベーションの必要性　158
2. 会社の人に関する情報　160
3. 多様化する雇用形態　161
4. 人件費　162
5. 役員に対する報酬　163
6. 従業員の人件費　164
7. 公益通報者保護　170

強い会社のマネジメントを探る
会社の「見方」

序章

会社を総合的にみる

会社のチェックポイント

「優良な会社かどうかを見分けるにはどうしたらよいのか」、「財務諸表のどこをみたら会社の経営がわかるのか」といった質問をよく受けます。

これから就職活動を始める学生にとっては、訪問先がどのような会社かを知ることは喫緊の課題といえましょう。また若手ビジネスマンが取引先の会社を調べたり、転職先を見つけたりする際にも会社を総合的にみることが必要になります。本書では、会社に関する情報の読み方や基本的なマネジメントの仕組みを解説します。序章では、まず会社を総合的にみるためのチェックポイントをあげてみます。

1. 会社の志望理由

会社の採用担当者の話によると、就職活動（以下、就活）の面接で大概の学生が志望理由としてあげるのは、図表序-1のような事項が多いようです。

◆図表序-1　学生があげる主な志望理由◆

志望理由	分類*
やりがいのある、面白い仕事ができる	業種（業務内容）
会社と一緒に自分も成長できる	成長性
カリスマ経営者がいる	成長性
潰れない、安定している	安全（定）性
大企業（中小企業）である	安全（定）性
給与・処遇がよい（ブラック企業でない）	人事政策
ワーク・ライフバランスの実現	人事政策

＊本書の項目に従って筆者が独自に分類しました。

就活において，相手方の会社をよく研究し，例えば面接の際に踏み込んだ質問や感想を述べることができたならば，その学生は一歩先んじることができましょう。また，新入社員にとっても，会社の全体像を知ることは，自らの仕事が会社の中でどのような位置づけにあるのかを理解し，今後どのようなキャリアを積んでいけば自分も成長し会社や社会に貢献できるのかを考える上で有用なことでしょう。

　そこで，2.では，本書の第1章～第4章までに記載する内容から，会社の全体像を知るためのチェックポイントを掲げています。

2. 会社のチェックポイント

　図表序-2で示した会社のチェックポイントは，リスクをとってリターンをねらう投資家の視点に立つものとは異なります。最終的には大きなリターンを得ることが第一の目標である投資家と異なり，就活においては自分に相応しい会社を選ぶ必要があります。それは必ずしも財務的に優れた会社や将来の躍進が期待できる会社を意味せず，自分の性格や能力に相応しい業務内容の会社であったり，処遇にかかわらずチャレンジのしがいのある会社であることもありましょう。あくまで評価する側の視点に立った相対的な評価となります。どのような選択をするにしても，これまで述べてきたような会社のマネジメントスタイルを自分なりによく理解し，自らに相応しい会社を選ぶことが重要です。

　チェックポイントは6項目に分けました。それぞれのポイントについて確認すべき内容を複数あげています。一番右の「評点」欄は，自らが評価した結果を記入します。例えば，○（良い），△（普通），×（悪い）のように3段階で評価することもよいと考えられます。

序章　会社を総合的にみる

◆図表序-2　会社のチェックポイント◆

	チェックポイント	確認すべき内容（関連する本書の項目・留意事項）	評点
1	会社の業務には興味をもてますか？	①会社の業種は何ですか？ ②会社の本業と副業（あるいは複数の事業）の内容とそれらの割合はどうなっていますか？ ③グループ会社の構成等，どのような体制で事業を行っていますか？ 【関連する本書の項目】 第2章3　連結財務諸表の4. セグメント情報 第3章2　会社のグループ経営	
2	経営方針に賛同できますか？	①会社の経営陣の構成はどうなっていますか（カリスマ経営者，ワンマン経営者，同族経営，他社から派遣された役員，社外役員等）？ ②会社の経営理念や将来に描くビジョンは明確になっており，あなたの考えと合っていますか？ 【関連する本書の項目】 第1章2　会社の組織 第3章1　会社の計画	
3	財務内容は優良ですか？	①同業他社と比べて，安全性，収益性，キャッシュ・フローの状況等はどのようになっていますか？ ②連結ベースと個別ベースの数値の違いはどのような要因によるものですか？ 【関連する本書の項目】 第2章3　連結財務諸表6. 連単倍率による財務分析 第2章4　会社の経営分析	
4	成長性はありますか？	①会社の進む方向性は当たっていると思いますか（2-②とほぼ同じ）？ ②研究開発に対する投資はどこに重点が置かれていますか？また，同業他社と比べてどのような水準ですか？ ③設備投資はどこに重点が置かれていますか？　また，同業他社と比べてどのような水準ですか？ ④稼働率の悪い資産，遊休資産等のリストラは進んでいますか？ 【関連する本書の項目】 第3章5　研究開発と特許戦略 第3章6　設備投資	

5	透明性は高いですか？	①会社のガバナンスは有効に機能していると思いますか？ ②会社の業績や不祥事への対応等の情報開示には積極的ですか？ ③会社は考える課題やリスクはどのようなものがありますか？またそれらに対する対応は適切だと思いますか？ 【関連する本書の項目】 第1章2　会社の組織 第2章1　ディスクロージャー制度 第4章1　会社のガバナンスとリスク・マネジメント	
6	従業員を大切にする会社ですか？	①従業員の処遇や人材育成方針は適切ですか？ ②社員の平均勤続年数や平均年齢は適切ですか？ 【関連する本書の項目】 第4章2　会社の人事	

　チェックポイント1および2は，会社の業務内容や経営方針を理解した上で判断します。

　チェックポイント3（財務内容は優良ですか？）では，会社の財務情報をチェックします。会社の財務情報は客観的な数値であり，潰れない，優良な会社を選ぶには最も説得的な材料となります。経営分析指標については，業種によって異なるため，同業他社と比べることが必要です。

　このように財務情報の中心となる財務諸表は重要ですが，過去の情報であり，過去と同様の経営成績が将来も続くことは保証されていません。そこで，チェックポイント4（成長性はありますか？）をあげています。研究開発や設備投資等の将来に向けた対応を公表されている情報から読み取ってください。会社が将来にわたってどのようなスタンスで経営を続けていくのかを知る上で有用な情報です。ここでも同業他社と比較することが必要です。

　チェックポイント5（透明性は高いですか？）は，外部者からは評価のしがたい項目です。第4章で取り上げる内部管理の課題は，それ自体は会社の成績に直接影響を及ぼすわけではありませんが，これがきちんとしていなければ，会社が思いもよらぬ不祥事によってダメージを受けたり，場合によっては会社が根こそぎ倒れてしまう結果を招く重要な課題であり，やはり会社を評価するには重要なポイントといえます。そこで，まず公表資料から会社

がガバナンス体制をどのように整えているのかを把握します。その上で，実際に不祥事等の問題が起きた際にどのように会社が行動したかを分析することにより，それらが有効に機能しているのかどうかを判断していただきたいと思います。大きな会社は著名な識者を社外取締役等に招いていることが多く，役員の一覧をみて素晴らしいと思うこともあるでしょう。しかし，問題は形式的な体制だけでなく，それらが有効に機能しているかどうかです。単に著名かどうかということだけではなく，役割分担等が適切になされているかどうか可能な範囲で情報収集してください。

チェックポイント6の人事政策については，公表資料だけでなく質問等によりできる限り情報を集めることが必要です。まず，会社の従業員の処遇や育成方針がどのようになっているかを確認します。実際に会社の従業員の平均年齢および平均勤続年数がどうなっているかも知っておく必要があります。従業員の平均年齢および平均勤続年数は，有価証券報告書からは提出会社のものしかわかりません。グループを構成する提出会社以外の会社についても確認しておくことをお勧めします。一般に，ベンチャー企業や設立間もない会社は，従業員の平均年齢が若く平均勤続年数も短いといえますが，もしそのような傾向があるならば理由も確認しておいた方がよいでしょう。中には，従業員が長期間勤務することを想定していない会社もあるからです。

3. 競合会社の違いを知る

同じ業種に属する会社でも，各社異なる個性をもっています。自分に相応しい会社を見つけるにあたって，その違いを知ることは重要です。例として，流通業を代表する2つのグループを取り上げ，図表序-2のチェックリストに従って，その違いをみてみましょう。

㈱セブン&アイ・ホールディングスとイオン㈱とは，いずれも東京証券取引所一部上場の優良会社です。しかし，同じ流通業に従事するこれらの会社は対照的な経営をしています。

〈チェックポイント1〉会社の業務には興味をもてますか？

　いずれの会社も流通業界においてグループ経営を強化しています。グループでどのような事業に従事しているのかを知ることは重要です。図表序-3で示すように，いずれも持株会社を頂点として，100社以上の会社からなるグループを形成しています。

◆　図表序-3　グループを構成する会社数　◆

	㈱セブン＆アイ・ホールディングス	イオン㈱
親会社の形態	純粋持株会社	純粋持株会社
グループを構成する会社数*	144社	316社

＊親会社を含みます。
出所：有価証券報告書（2015年2月期）第1　企業の概況「事業の内容」から作成。

　しかし，図表序-4は両グループの戦略が大きく異なっていることを示しています。㈱セブン＆アイ・ホールディングスは，コンビニエンスストア事業を中核とし，グループ全体の利益の80％超をこれによって稼ぎ出しています。利益がコンビニエンスストア事業に集中する傾向は，近時の顕著な傾向です。一方，イオン㈱は，スーパーマーケット事業の営業収益が全体の80％弱を占めていますが，これらのセグメントの全体に占める利益の割合は低く，むしろ総合金融事業やディベロッパー事業（店舗の開発・賃貸）の利益に依存する傾向が強まっています。図表序-4に記載した以外にもアセアンや中国といったアジアでの小売事業も展開しており，より多角的な経営を行っているということができます。

◆ 図表序-4　セグメント情報(掲載順5セグメント)*◆

㈱セブン&アイ・ホールディングス			イオン㈱		
報告セグメント	営業収益(%)	利益(%)	報告セグメント	営業収益(%)	利益(%)
コンビニエンスストア事業	45	81	GMS（総合スーパー）	46	△1
スーパーストア事業	33	6	SM・DS**・小型店事業	30	6
百貨店事業	14	2	総合金融事業	4	38
フードサービス事業	1	0	ディベロッパー事業	3	31
金融関連事業	2	13	サービス・専門店事業	8	17

＊営業収益は「外部顧客への営業収益」÷連結財務諸表計上額
　利益は，セグメント利益÷連結財務諸表計上額　いずれも単位未満四捨五入
＊＊ディスカウント・ストア
出所：有価証券報告書（2015年2月期）第5　経理の状況「セグメント情報」から作成。

〈チェックポイント2〉経営方針に賛同できますか？

　両グループが「対処すべき課題」[1]として掲げている項目は大きく異なっています。㈱セブン&アイ・ホールディングスは，グループ共通のプライベートブランド商品「セブンプレミアム」「セブンゴールド」の開発を行う「グループMD（マーチャンダイジング）改革プロジェクト」を「オムニチャネル戦略」の一環として位置づけ，顧客を中心に考えた商品，売り場づくり，接客の仕組みの実現を目指すとしています。いわば既存のネットワークを活かした「内向き」の改革が第一の課題のようです。

　一方，イオン㈱は，次の4つの成長領域に重点的な戦略投資を行うとしています。4つの成長領域とは，アジアシフト（アセアン，中国での小売業展開），都市シフト，シニアシフト，デジタルシフトの4つです。このような戦略を掲げ，イオン㈱は買収も含めた積極的な設備投資を行っています。2013年4月に㈱ピーコックストアの発行済普通株式の全部をJ．フロントリテイリング㈱から取得し，また同年8月には㈱ダイエー，2015年1月には㈱マルエツを子会社化しました。

1) ㈱セブン&アイ・ホールディングス　有価証券報告書（2015年2月期）第2　事業の状況「対処すべき課題」

〈チェックポイント３〉財務内容は優良ですか？

連結経営指標として記載されている主な財務指標値は図表序-5のとおりです。

◆図表序-5　主な連結経営指標◆

	㈱セブン＆アイ・ホールディングス	イオン㈱
自己資本比率（％）	43.9	15.3
自己資本利益率（％）	7.9	3.6
営業活動によるキャッシュ・フロー（百万円）	416,690	398,453
投資活動によるキャッシュ・フロー（百万円）	△270,235	△361,838
財務活動によるキャッシュ・フロー（百万円）	△79,482	95,527

出所：有価証券報告書（2015年2月期）第1　企業の概況「主要な経営指標等の推移」。

図表序-5からは，㈱セブン＆アイ・ホールディングスの方が自己資本比率，自己資本利益率とも高いため，安全性および収益性の面で勝っているといえます。

一方，イオン㈱は，社債および借入金等を活用した積極経営を行っていると評価することもできます。これらの財務内容の違いは，（チェックポイント１）で記述した戦略の違いに基づくものと考えられます。

〈チェックポイント４〉成長性はありますか？

両グループの設備投資先をみると，図表序-6のような違いがわかります。

㈱セブン＆アイ・ホールディングスは，コンビニエンスストア事業の新設および改装に力点を置いているのに対し，イオン㈱はディベロッパー事業に力点を置きイオンモールの店舗開発を推進していることがわかります。

◆図表序-6　重要な設備の新設等◆

	㈱セブン＆アイ・ホールディングス	イオン㈱
投資予定額（既支払額を含む）	①コンビニエンスストア事業　289,000百万円* ②スーパーストア事業　73,500百万円 ③フードサービス事業　1,190百万円	①ディベロッパー事業　131,637百万円 ②GMS事業　10,543百万円

＊うち129,000百万円は7-Eleven, Inc.（アメリカ，テキサス州）に係るもの。
出所：有価証券報告書（2015年2月期）第3　設備の状況「設備の新設，除却等の計画」から作成。

〈チェックポイント5〉透明性は高いですか？

　両グループのコーポレート・ガバナンス体制は，図表序-7のように記載されています。

◆図表序-7　コーポレート・ガバナンス体制◆

	㈱セブン＆アイ・ホールディングス	イオン㈱
役員	①執行役員制度（取締役会は監督機能） ・取締役15名のうち独立社外取締役4名 ②監査役5名のうち独立社外監査役3名	○指名委員会等設置会社 ・執行役（10名）が執行権限 ・取締役9名のうち社外取締役5名 ・3委員会の議長はいずれも社外取締役
各種委員会	代表取締役の下に以下の委員会 ①CSR統括委員会 ②リスクマネジメント委員会 ③情報管理委員会 ④グループシナジー委員会	・イオン・マネジメントコミッティ（経営上の重要案件を審議，この下にリスクマネジメント体制を構築） ・グループ経営監査室が監査委員会の補助等
内部統制	・「社是」・「企業行動指針」 ・内部監査制度 ・ヘルプラインの設置	・「イオン行動規範」 ・内部監査制度 ・ヘルプライン窓口の設置

出所：有価証券報告書（2015年2月期）第6　提出会社の状況「コーポレートガバナンスの状況等」から作成。

　両グループとも，経営の執行と監督を取締役（会）と執行役（員）に明確に分離し，社外役員を活用することにより，コーポレート・ガバナンスの向上を図っていることがわかります。

〈チェックポイント６〉従業員を大切にする会社ですか？

　両グループともCSRレポート等に重点的な人事政策を詳細に記載しています。両グループとも働きがいのある職場づくりを進めており，女性の活躍推進を含め人材の多様化に重点を置いているようです。

◆ 図表序-8　主な人事政策 ◆

項目	㈱セブン＆アイ・ホールディングス	イオン㈱
女性の活躍推進	①女性管理職比率 　2015年度末の目標 　課長級以上20%，係長級以上30%	①女性管理職比率 ・2020年度の目標50%
その他の多様な人材の活用	・障がい者雇用促進 ・人材公募制度	・外国籍従業員の雇用・登用とグループ内国際人材交流 ・高齢者雇用制度 ・在宅勤務による障がい者雇用促進
能力向上支援	・人材公募制度 ・研修体制	・イオン基礎教育等の教育制度 ・イオンビジネススクール ・社内認定資格制度
ワーク・ライフバランスの実現	・育児・介護支援制度 ・ボランティア休暇制度の運用	・仕事と子育て両立に向けた取組（企業内保育園等）

出所：2015 AEON Sustainability Magazine「イオンの環境・社会への取り組み」セブン＆アイHLDGS. CSR Report2015から作成。

第1章

会社の成り立ちを知る

1 株式の話

　現代において，経済活動の中心を担っている会社は，正式には株式会社といいます。会社の発行する株式を買うと，その人は株主となり，会社に対してさまざまな権利をもつことになるのです。

　本節では，株式とは何か，会社の株式の取扱い方針である資本政策および会社の業績と株価の関係を説明します。

1. 株式の役割

(1) 株式会社の始まり

　世界最初の株式会社は，1602年にオランダで設立された東インド会社です。東インド会社は，インドや東南アジアから特産品をヨーロッパに運んでいましたが，船を造ったり，船員を雇うのに多くのお金を必要としたので，**株式**を発行して，資金をみんなから集めたのです。日本初の株式会社は，1873年に設立された第一国立銀行という名前の民間の銀行でした。そして現代において，株式会社はわが国における経済活動の中心的役割を担っています。

(2) 株主の権利と義務

　会社法は，「株主の責任は，その有する株式の引受価額を限度とする。」[1]と規定しています。つまり，株主はすでに出資義務を果たしているので，それ以上の義務を負うことはありません。会社が破たんした場合は，出資した額は戻ってこない可能性はありますが，それ以上の負担は求められません。

　出資を受けた会社は，それらの金銭等を元手として事業を展開します。出資された金銭等をどのように使ったのか，株主に対して**説明責任**を負います。

---

1) 会社法第104条。

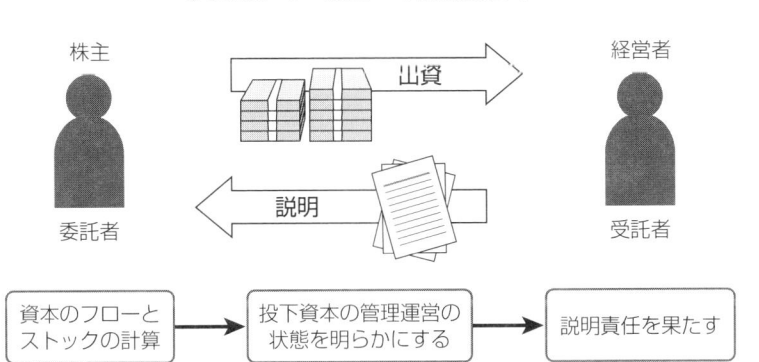

◆図表1-1　株主への説明責任◆

株主　委託者　──出資──▶　経営者　受託者
　　　　　　◀──説明──

資本のフローと　→　投下資本の管理運営の　→　説明責任を果たす
ストックの計算　　　状態を明らかにする

　株主側からすると，株主の地位に伴ういろいろな権利をもつこととなります。株主の権利は，自益権と共益権とに分かれます。

　自益権とは，会社から経済的利益を受けることを内容とする権利で，利益配当請求権，残余財産分配請求権等があります。

　共益権とは，会社の経営に参加し，業務執行の監督・是正を求める権利で，株主総会における議決権，株主提案権，株主総会招集権等があります。

　最近では，株主代表訴訟の報道をよく見かけます。**株主代表訴訟**とは，株主が会社に代わって取締役等の責任を追及する訴訟のことです。このような訴訟を起こす権利も共益権の1つといえ，一定の条件を満たす株主に認められています。

(3) 株式の取引

　会社の株が不特定多数の投資家によって**証券取引所**で取引されるようになることを**上場**といいます。わが国においては，1878年に東京と大阪に証券取引所が開設されました。しかしその後，1937年の中国との戦争を契機に証券市場は急速に統制色が濃くなっていきました。全国に11か所あった株式取引所は「日本証券取引所」に統合され，さらに戦局の悪化により1945年8月からは売買立会は中止されました。そして，1949年になってやっと証券取引所

が再開され，現在の市場規模まで成長したのです[2]。

㈱東京証券取引所は，内閣総理大臣の免許を受け，金融商品市場を開設する株式会社です。東京証券取引所は，かつては，会員組織の法人でしたが，証券取引法（当時）が改正され，証券取引所が株式会社組織をとることができるようになったことから，2001年11月1日に組織変更し，株式会社となりました。その後，2013年1月には㈱大阪証券取引所と合併し，㈱日本取引所グループ[3]となりました。この結果，現物市場は東京証券取引所に，デリバティブ市場は大阪取引所に統合されることになりました。

(4) 株券の電子化

2009年1月5日から，上場会社[4]の**株券電子化**がスタートしました。これにより，これまでの紙に印刷された株券は無効となり，以後の株式は株券のやり取りではなくコンピューターシステムで管理されることになりました。そのため，株主にとっては株券の紛失・盗難といった危険がなくなり，上場会社にとっては，株券発行に伴うコストや事務作業を削減できることになりました。

2. 会社の資本政策

資本政策とは，一般に会社が新たに株式を上場しようと準備する段階における新株発行・株式移動等の計画のことをいい，十分な資金調達，株主利益の保護および株主構成の適正化を図ることを目的とします。ここでは，会社がどのように，新株の発行，株主利益の保護，株主構成の適正化のための方策をとっているかを資本政策と捉え，みていきたいと思います。

---

2) 日本証券業協会ホームページ（http://www.jsda.or.jp/manabu/qa/qa_stock08.html）。
3) ㈱日本取引所グループは金融商品取引所持株会社となり，傘下に㈱東京証券取引所，㈱大阪取引所等を持っています。
4) 上場株券のほか，上場投資証券および上場優先出資証券も株券電子化の対象。

(1) 会社が発行できる株式

会社が発行できる株式総数の上限を**発行可能株式総数**といいます。発行可能株式総数は，会社の**定款**[5]で決まっています。このうち，会社設立時には，発行可能株式総数の4分の1以上を発行することが必要です[6]。

図表1-2は，野村ホールディングス㈱の発行可能株式総数です。

野村ホールディングス㈱は，2015年3月末時点において**普通株式**しか発行

◆図表1-2 野村ホールディングス㈱の株式等の状況◆

①【株式の総数】

種類	発行可能株式総数（株）
普通株式	6,000,000,000
第1種優先株式	200,000,000
第2種優先株式	200,000,000
第3種優先株式	200,000,000
第4種優先株式	200,000,000
計	6,000,000,000

（注）「発行可能株式総数」の欄には，株式の種類ごとの発行可能種類株式総数を記載し，計の欄には，定款に規定されている発行可能株式総数を記載しております。

②【発行済株式】

種類	事業年度末現在発行数（株）(2015年3月31日現在)	提出日現在発行数（株）(2015年6月25日現在)	上場金融商品取引所名又は登録認可金融商品取引業協会名	内容
普通株式	3,822,562,601	3,822,562,601	東京証券取引所（注2） 名古屋証券取引所（注2） シンガポール証券取引所 ニューヨーク証券取引所	単元株式数100株
計	3,822,562,601	3,822,562,601	—	—

(注) 1 提出日（2015年6月25日）現在の発行数には，2015年6月1日からこの有価証券報告書提出日までの間に新株予約権の行使があった場合に発行される株式数は含まれておりません。
 2 各市場第一部

出所：野村ホールディングス㈱有価証券報告書（2015年3月）「第4 提出会社の状況(1)株式の総数等①株式の総数，②発行済株式」。

---

[5] 会社が設立の際に作成する根本的規則。
[6] 会社法第37条第3項。ただし，公開会社でない場合は，例外が認められています（「公開会社」については，第2節参照）。

していませんが，定款にはその他の種類株式を発行できると規定されています。**種類株式**とは，権利の内容の異なる複数の株式のことです。図表1-2では，第1種から第4種までの**優先株式**の発行が可能となっています。優先株式をもつ株主は，剰余金の配当および残余財産の分配は普通株式の株主よりも優先される代わり，株主総会での議決権は有しません。優先株式は，事業再生等のために多額の資金調達をする際に活用できるとされています。

(2) 株主利益の保護～株主価値の向上

多くの日本の会社は，これまで業績の指標として売上高や経常利益を重視し，株主の期待投資収益率を意識してきませんでした。しかし，金融ビッグバン[7]以降，財務状況が全体として悪化し，資金を直接資本市場から調達する必要性が増加する中で，これまで以上に株主に対する投資収益率の最大化，すなわち株主価値の最大化に焦点を当てた経営が求められるようになりました。

会社は，有価証券報告書[8]のほか，ホームページ等で不特定多数の株主に対して，株主価値の向上に係る会社の方針や業績を説明しています。

図表1-3は，野村ホールディングス㈱の資本政策です。

国際的に業務を展開している金融機関には，規制当局により経営の健全性を維持するために自己資本規制が適用されています。**自己資本規制**とは，金融機関の保有する資産等に照らし，一定水準以上の自己資本の充実を求めるものです。図表1-3には，このような規制をクリアしながら，安定的な配当と自己株式の取得による機動的な経営を行っていく方針が記載されています。

以下では，配当政策と自己株式取得の意味について詳しくみていきましょう。

---

[7] 1997年から実施された一連の金融システム改革。この中で金融機関の不良債権問題の速やかな処理が促進されました。金融庁ホームページ参照（http://www.fsa.go.jp/p_mof/big-bang/bb1.htm）2015年9月13日確認。
[8] 上場会社等が金融商品取引法に基づき，各事業年度終了後3か月以内に内閣総理大臣に提出する書類のこと。

◆**図表1-3　野村ホールディングス㈱の資本政策**◆

株主のみなさまへ——資本政策
野村ホールディングスの資本政策
1．株主資本
- 当社は、株主価値の持続的な向上を目指し、拡大する事業機会を迅速・確実に捉えるために必要となる十分な株主資本の水準を保持することを基本としております。
- 必要となる資本の水準につきましては、以下を考慮しつつ適宜見直して参ります。
  - 事業活動に伴うリスクと比較して十分であること
  - 監督規制上求められる水準を充足していること
  - グローバルに事業を行っていくために必要な格付けを維持すること

2．配当
　配当につきましては、半期毎の連結業績を基準として、連結配当性向30％を重要な指標のひとつとします。各期の配当額については、バーゼル規制強化をはじめとする国内外の規制環境の動向、連結業績をあわせて総合的に勘案し、決定してまいります。
　配当回数については、原則として年2回（基準日：9月30日、3月31日）といたします。

3．自己株式の取得
- 経営環境の変化に機動的に対応し、株主価値の向上に資する財務政策等の経営の諸施策を実行することを可能とするため、自己株式の取得を行って参ります。
- 自己株式の取得枠の設定を決定した場合には、速やかに公表し、会社で定めた運営方針に従って実行して参る予定です。

出所：野村ホールディングス㈱ホームページ「IR情報」（2015年9月13日確認）（http://www.nomuraholdings.com/jp/investor/shareholders/capital.html）。

(3) 配当政策

　会社が獲得した利益の一部を配当金として株主に支払うとともに、毎期安定した配当を継続していくことは経営者に課された使命の1つです。会社が

株主に対して，いつ，どのような形で，どれだけの利益を配当するかを経営者として決定することを**配当政策**といいます。会社に超過利益が生じると，経営者は，それらをどのように分配するかを決定します。内部に留保して次期以降の事業展開のための投資に回すことも考えられます。また，一部は従業員に還元される場合も多いでしょう。この場合は，賃金のベースアップや賞与といった形で行われます。最近，会社の**社会的責任**（➡第4章❶ 4.）が重要視され，地域社会の一員としての貢献が求められています。そのようなことから地元の地方公共団体等に寄付を行うこともあるでしょう。こうした利益の分配方法の中で，株主に対する還元方法，すなわち配当政策は，最も重要な経営方策の1つといえます。

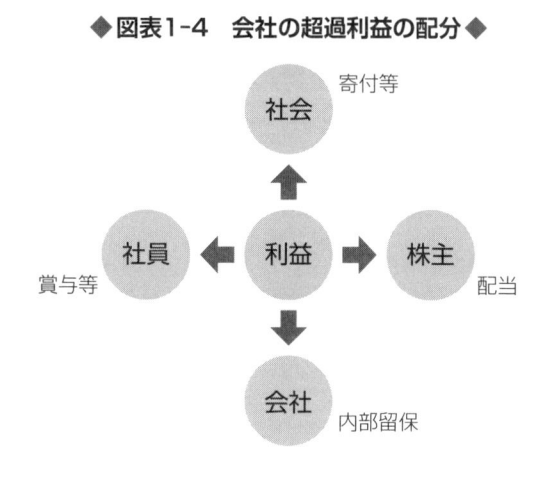

◆図表1-4　会社の超過利益の配分◆

有価証券報告書の中の「配当政策」の項目をみると，経営者が株主に対してどのような姿勢でいるのかが把握できます。経年比較で，1株当たり配当額や配当性向の推移とあわせてみると，業績スライドによって配当額を変動させようとしているのか，配当額を一定に維持しようとしているのかがわかります。図表1-5および図表1-6をみると，野村ホールディングス㈱は，図表1-3に記載のとおり，安定的な配当を実践しているように思われます。

1 株式の話

◆ 図表1-5　野村ホールディングス㈱の配当政策 ◆

　当社は，株主価値の持続的な向上を目指し，拡大する事業機会を迅速かつ確実に捉えるために必要となる十分な株主資本の水準を保持することを基本方針としております。必要となる資本の水準につきましては，以下を考慮しつつ適宜見直してまいります。
- 事業活動に伴うリスクと比較して十分であること
- 監督規制上求められる水準を充足していること
- グローバルに事業を行っていくために必要な格付けを維持すること

　当社は，株主の皆様への利益還元について，株主価値の持続的な向上および配当を通じて実施していくことを基本と考えています。

　配当につきましては，半期毎の連結業績を基準として，連結配当性向30％を重要な指標のひとつとします。各期の配当額については，バーゼル規制強化をはじめとする国内外の規制環境の動向，連結業績をあわせて総合的に勘案し，決定してまいります。

　なお，配当回数については，原則として年2回（基準日：9月30日，3月31日）といたします。

　内部留保金については，前記規制環境の変化に万全の対応を行うとともに，株主価値の向上につなげるべく，システムや店舗などのインフラの整備も含め，高い収益性と成長性の見込める事業分野に有効投資してまいります。

　自己株式の取得につきましては，経営環境の変化に機動的に対応し，株主価値の向上に資する財務政策の選択肢として検討してまいります。自己株式の取得枠の設定を決定した場合には，速やかに公表し，当社の運営方針にしたがって実行してまいります。（略）

出所：野村ホールディングス㈱有価証券報告書（2015年3月）「第4　提出会社の状況　3.配当政策」。

◆ 図表1-6　野村ホールディングス㈱の配当性向 ◆

	年間配当金					配当金総額（合計）	配当性向（連結）	株主資本配当率（連結）
	第1四半期末	第2四半期末	第3四半期末	期末	合計			
	円 銭	円 銭	円 銭	円 銭	円 銭	百万円	％	％
26年3月期	―	8.00	―	9.00	17.00	63,131	29.5	2.6
27年3月期	―	6.00	―	13.00	19.00	68,648	30.8	2.7

出所：野村ホールディングス㈱「2015年3月期決算短信（連結業績）」から抜粋。

(4) 自己株式

　会社が保有する自分の会社の株式を**自己株式**，あるいは金庫株と呼びます。自己株式を取得することを**自社株買い**といいます。会社法は，自己株式を取得することを原則自由としています。会社は自己株式について，期間の制限なく保有することができ，いつでも消却（消滅させること），処分（新株発行）をすることができます。ただし，自己株式については，議決権等の共益権を行使することはできず，剰余金の配当もできません。

　それでは，会社はなぜ自己株式を保有するのでしょうか。図表1-3の野村ホールディングス㈱の資本政策によると「経営環境の変化に機動的に対応し，株主価値の向上に資する財務政策等の経営の諸施策を実行することを可能とするため」と記載されています。一般に自己株式を取得すると，市場に出回る株式が減少するため，流通する株式が過剰な場合，需給関係を適正な状態に戻すことができます。また1株当たり利益や株主資本利益率（return on equity, ROE）などが改善されるため株価の上昇が期待でき，市場からは好感されることが多いといわれます。このことから，最近は株主還元策の1つとして位置づけられています。また，企業側にとっても，発行済株式数の減少により，配当負担を軽減できるなどの財務上のメリットがあるとされています。

(5) 敵対的買収と買収防衛策

　ライバル会社の経営権を獲得するために株式の**公開買付**（Take Over Bid：TOB）[9]を行うような敵対的買収は，わが国においてはこれまであまりみられませんでした。**敵対的買収**とは，経営陣の賛同を得ることなく，会社の支配権を獲得しようとする行為のことを指し，通常の公開買付の形で行われることが多いのです。これまでわが国において敵対的買収がみられなかっ

---

[9] 不特定多数の者に対し，公告により株券等の買付けの申込みまたは売りつけ等の申し込みの勧誘を行い，取引所金融商品市場外で株券等の買付け等を行うことをいいます。

た要因としては伝統的な**株式持ち合い**[10]の慣習や文化的背景があげられています。しかし，近時，わが国の会社も敵対的買収の標的にされるようになってきました。2005年の年初から約2か月間にわたって，㈱ライブドアと㈱ニッポン放送・フジテレビの間で繰り広げられた株式の買収合戦については記憶に新しいところです。買収のリスクに備えて，会社も敵対的買収に備えた防衛策をとる必要が出てきました。

　買収防衛策[11]は，究極的には株主の利益を守るためのものであることが前提です。敵対的買収にも，積極的な効果がある場合もあります。例えば，敵対的買収の脅威が経営陣に規律を与える場合や，買収により株主価値が向上する場合等です。したがって，敵対的買収を一概にマイナスのものと決めつけることはできません。同時に買収防衛策は，経営陣の保身を図ることを目的とすることは許されるべきではありません。また，敵対的買収について賛否がある場合は，買収防衛策によって買収を止めることは買収に賛成する株主が株式を買収者に対して売却する機会を奪ってしまうことにも留意しなければなりません。

3. 株価の変動

　上場会社の株式は，不特定多数の投資家の間で売買されます。取引所では，需要（買い注文）と供給（売り注文）とによって価格が成立します。需要の方が大きければ株式の価格，つまり株価は上がっていきますし，供給の方が大きければ株価は下がっていきます。株価の変動要因，つまり需給の変動は何が要因で起こるのでしょうか。

　株価は，会社の業績の影響を強く受けます。

　前述のように会社は株主に対して，蓄積した利益の中から配当金を支払います。一般に，会社の業績が良くなると配当金の額は増えます。また，業績

---

[10] 2つの会社が，良好な関係を構築するためにそれぞれの株式を相互に保有し合うことをいいます。
[11] 「近時の諸環境の変化を踏まえた買収防衛策の在り方」企業価値研究会（平成20年6月30日）。

が良くなると資金的な余裕ができるため，新しい設備投資や新商品の開発などが積極的に行われ，会社の業績がさらに良くなり，その会社の価値は高まります。

　反対に会社の業績が悪くなると，配当金の額が減ったり支払われなくなったりします。また，資金的な余裕がなくなるため，設備投資や新商品開発などがあまりできなくなり，業績がさらに悪化し，場合によっては倒産することもあります。このように株価は一般に会社の業績が良くなると値上がりし，業績が悪くなると値下がりします。

　また，株価は，会社の成長性の予想とも関連しているといわれます。将来，その会社の業績が伸びるのか，伸びるとしたらどのくらい伸びるのかの予測です。成長性が高く見込まれる会社ほど株価は上昇するとされています。ただし，業績が伸びても，結果として予想よりも伸び率が小さければ株価は値下がりしたり，利益が減少しても予想ほどは減少しなければ株価は値上がりしたりすることがあります。

　株価はまた，景気や金利など経済的要因や政治動向，機関投資家（多額の取引をしている人）の動向などの影響も受けます。

　日経平均株価は，1989年12月29日，史上最高値3万8915円87銭を付けた後，バブル崩壊に伴い急落，その後，リーマンショックの影響により2008年10月27日には7162円90銭まで下がりました。このように株価は個々の企業の業績にかかわらず，経済情勢によっても大きく影響を受けることがわかります。

2 会社の組織

　何人かの人が共同して特定の経済的目的を達成しようとする場合，会社を設立するのが通常です。会社法は，会社の設立，組織，運営および管理に係る基本的な規定を置いています。

　会社には，株式会社，合名会社，合資会社または合同会社がありますが，以下では，株式会社を前提として，1. で法律上必要とされる会社の「機関」（一定の役割を担う者あるいは組織）を，2. で会社が事業展開していく上での組織の形態をみていきます。

1. 法律上の機関

　会社が設置すべき機関（組織）は会社法で定められています。株主総会および取締役はいずれの会社も設置しなければなりません。通常，株主総会，取締役(会)，監査役(会)，会計監査人[12]が設置されます（図表1-7・左）。2007年に成立した会社法は，業務の執行（執行役）と経営の監督（取締役会）の機能分離をねらい委員会設置会社を設置できるようにしました。しかし，2014年に改正された会社法により，従来の委員会設置会社は「指名委員会等設置会社」（図表1-7・中）となり，新しく「監査等委員会設置会社」（図表1-7・右）が創設されることになりました。

---

[12] 資本金5億円以上あるいは負債200億円以上の会社には会計監査人を設置しなければなりません。会計監査人には，公認会計士または監査法人を選任します。

◆図表1-7　会社の機関◆

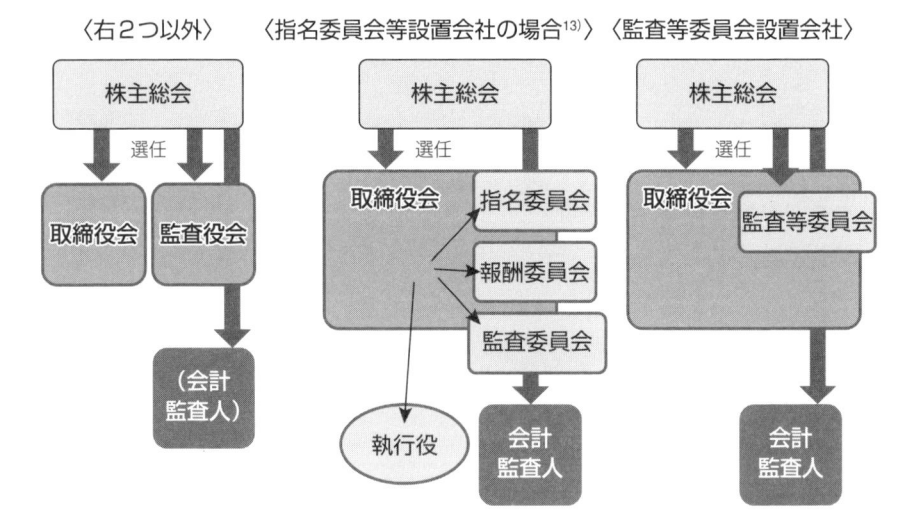

〈右2つ以外〉　　〈指名委員会等設置会社の場合[13]〉　〈監査等委員会設置会社〉

```
株主総会　　　　　　　　株主総会　　　　　　　　株主総会
  ↓選任　　　　　　　　　↓選任　　　　　　　　　↓選任
取締役会　監査役会　　　取締役会　指名委員会　　取締役会　監査等委員会
                              　報酬委員会
  ↓                           　監査委員会
（会計                          　↓
監査人）                     執行役　会計監査人　　　　　会計監査人
```

　監査等委員は，通常の取締役とは別枠の取締役として株主総会で選任されます。監査等委員会は，単に監査の役割だけではなく，経営者の選定・解職等の決定への関与を通じて監督機能を果たすことになり，日本企業のコーポレート・ガバナンス（➡第4章**1**）の向上に役立つことが期待されています。

(1) 株主総会

　会社法は，「株主総会は，この法律に規定する事項及び株式会社の組織，運営，管理その他株式会社に関する一切の事項について決議をすることができる」[14]と定めています。つまり，**株主総会**は，会社に出資している株主が参加する会議で，会社の最高意思決定機関です。

---

13) 指名委員会とは，株主総会に提出する取締役の選任・解任に関する議案の内容の決定を行う権限を有し，報酬委員会とは，役員等の個人別の報酬等の内容を決定する権限を有します。監査委員会は，本章2　1.(4)を参照。いずれも取締役3名以上の委員で組織され，各委員会の委員の過半数は社外取締役である必要があります。
14) 会社法第295条第1項。

(2) 取締役および取締役会

取締役は，会社の業務を執行する機関です。会社は，1人または2人以上の取締役を置かなければなりません。また，定款の定めによって，**取締役会**を置くことができます[15]。取締役は，会社の代表権を有しますが，取締役の互選あるいは取締役会や総会での決議により**代表取締役**を決めることもできます。

最近，社外取締役を置く会社が増えてきました。**社外取締役**とは，現在および過去10年間において，その会社またはその子会社の代表取締役・業務執行取締役もしくは執行役または支配人その他の使用人ではないという要件等を満たす取締役のことです。従業員出身の取締役と異なり，独立した立場から会社を監督することが期待されています。社外取締役の増加は，「執行」と「監督」の機能を分離させようとする動きが定着してきていることがうかがえます。

なお，東京証券取引所上場規程[16]は，独立役員を1名以上確保することを求めています。**独立役員**とは，一般株主と利益相反が生じるおそれのない社外取締役または社外監査役をいいます。

(3) 執行役

執行役とは，指名委員会等設置会社において，取締役会によって委任された業務執行の決定および会社の業務執行をする役員のことをいいます。指名委員会等設置会社では，必ず置かなければならない機関で，取締役会で選任されます。執行役が単独で業務執行を決定し執行することができるため，迅速な業務決定および業務執行が可能となります。取締役は経営の基本方針の決定，執行役の選任および解任等を通じて，執行役の業務執行を監督する役

---

15) ただし，公開会社においては，取締役会を設置しなければなりません。公開会社とは，株式を株主総会または取締役会の承認決議なしに自由に譲渡できる会社です。取締役会を設ける場合は，監査役（監査役会を含む），監査等委員会，指名委員会等のいずれかを設置しなければならないとされています（会社法第327条第1，2項）。
16) 有価証券上場規定（東京証券取引所）第436条の2。

割を担いますが，取締役も執行役を兼任できます。

[参考] 執行役員制度

　執行役に似た役職として，執行役員があります。執行役員制度とは，経営の意思決定と業務執行を分離させ，取締役会を少人数にして活性化させるために，日常の業務執行をこれら執行役員に担当させることによって意思決定を迅速に行えるようにするための制度のことです。**執行役員**は法律上の会社機関ではなく，重要な使用人と解されています。

　執行役員制度は，1997（平成9）年6月にソニー㈱が導入，現在ではわが国の主要な会社の半数以上が導入しています。

(4) 監査役・監査役会・監査等委員会

　監査役は，株式会社の機関の1つで，取締役および会計参与の職務執行を監督する者のことをいいます。監査役は，原則として業務監査と会計監査の権限を有します。ただし，**公開会社**[17]でない株式会社のうち監査役会設置会社および会計監査人設置会社以外の株式会社においては，定款の定めにより，監査役の権限を会計監査権限に限定することができます。

　会社法によると，資本金5億円以上または負債総額200億円以上の大会社かつ公開会社では，監査役は3名以上でなければならず，そのうち半数以上は社外監査役（就任前に会社または子会社の取締役，会計参与，執行役，使用人でなかった者）でなければなりません。この場合，**監査役会**を設置する必要があります。また監査役の互選で常勤監査役を定めなければなりません。

　ただし，指名委員会等設置会社，監査等委員会設置会社では監査役は置かれないことになります。これらの場合，**監査(等)委員会**が，執行役，取締役，会計参与（(5)参照）の職務の執行の監査および監査報告の作成をする権限を有します。

17）　脚注15）参照。

(5) 会計参与

会計参与とは，会計の専門家である公認会計士・税理士で取締役・執行役と共同して株式会社の計算関係書類を作成する者をいいます。会計参与を置くかどうかは会社の任意です。会計参与を置くことで，主に会計監査人の設置されていない中小企業の計算関係書類の信頼性を確保することが期待されています。

(6) 機関設計の柔軟化

会社法の下では，機関設計については，最低限のルールを定めるのみで，それ以外の部分については，各会社がその会社の実態に応じて自由に選択することが認められています。図表1-8で○を付したものが採用可能な制度です。

◆図表1-8　会社法上の機関設計◆

機関[*1] ＼ 会社の類型	公開会社[*2] 大会社[*3]	公開会社 大会社以外	公開会社以外 大会社	公開会社以外 大会社以外
取締役				○
取締役＋監査役				○[*4]
取締役＋監査役＋会計監査人			○	○
取締役会＋監査役		○		○[*4]
取締役会＋監査役＋会計監査人		○	○	○
取締役会＋監査役会		○		
取締役会＋監査役会＋会計監査人	○	○	○	○
取締役会＋指名等委員会＋会計監査人	○	○	○	○
取締役会＋監査等委員会＋会計監査人	○	○	○	○

*1　すべての会社で会計参与を設置することができる。
*2　脚注15参照。
*3　資本金5億円以上または負債総額200億円以上の会社。
*4　監査役の権限を会計監査に限定することができる。

2. 業務執行上の組織

1.で法律上必要な会社の機関（組織）を説明しました。一方，実際の業務を行う上での会社内の組織は，会社の目的を遂行する上で最も適した形態を採用することができます。

以下は，その代表的な形態である職能別組織，事業（本）部制組織，カンパニー制組織を説明します。

(1) 職能別組織

職能とは，一般的には職務上あるいは職業上の能力を指します。ですが，**職能別組織**と表現した場合には，職務上の能力を機能別に分類して編成し直した組織を指します。例えば図表1-9のような組織です。

1つひとつの職能は，ラインとスタッフに分けることができます。

ラインとは，利益の獲得に直結する職能であり，製造部や営業部等が該当します。

スタッフとは，ライン以外の専門的な職能であり，総務部，経理部，法務部，人事部，情報システム部等が該当します。

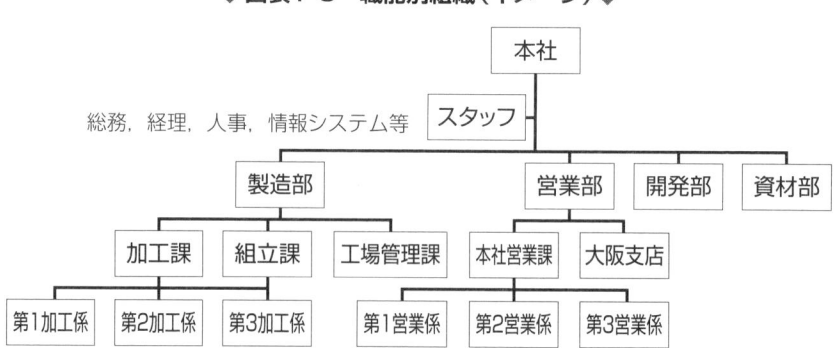

◆図表1-9　職能別組織（イメージ）◆

(2) 事業(本)部制組織

　職能別組織に対して，会社が事業を多角化した場合によくみられる組織形態が事業(本)部制組織です。

　事業(本)部制組織とは，業種別，事業別，製品別等にある程度独立した事業(本)部に組織を部門化し，業務上の意思決定の権限を事業(本)部長に委譲する組織のことです。それぞれの事業(本)部単位に職能別組織があります。

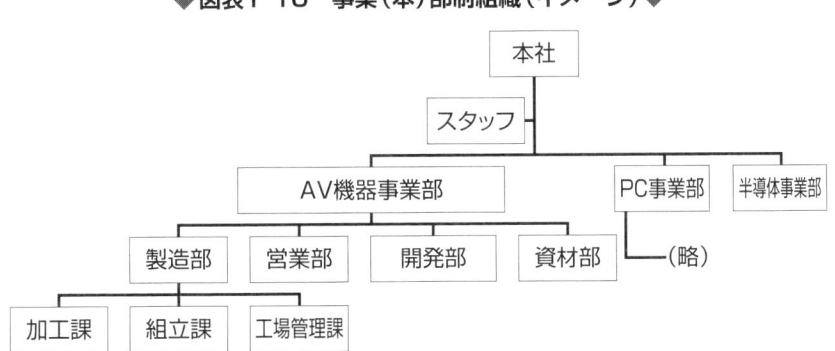

◆図表1-10　事業(本)部制組織(イメージ)◆

```
                        本社
                         │
                       スタッフ
         ┌───────────────┼──────────┬─────────┐
    AV機器事業部                  PC事業部   半導体事業部
    ┌────┬────┬────┬────┐         │
   製造部 営業部 開発部 資材部    (略)
   ┌──┬──┬──┐
  加工課 組立課 工場管理課
```

　事業(本)部制組織は，職能別組織に比べて分権化の進んだ組織です。事業(本)部は，自らの担当する事業について生産および販売の職能を有しているため，利益についての責任を負います。事業(本)部がプロフィット・センターと呼ばれるのはこのためです。それぞれの事業(本)部の下には，職能別組織があります。

(3) カンパニー制組織

　カンパニー制組織とは，さらに分権化を進めた組織の形態です。一般的に，各カンパニーはその利益のみならず，投資の意思決定についても責任を有するとされています。

第1章　会社の成り立ちを知る

　東芝グループは，各事業において個々のマーケットに最も適合した事業体制を構築・運営することを目的に，1999年4月よりカンパニー制を導入しています。図表1-11は，東芝グループの組織ですが，社長が全カンパニーを統率していることがわかります。

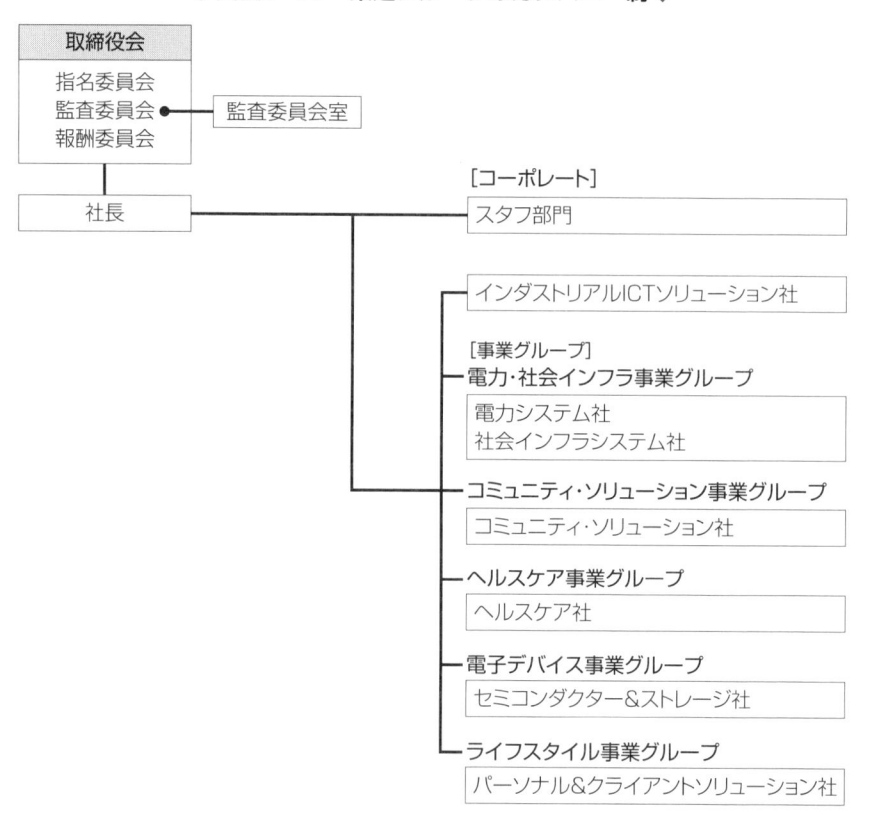

◆図表1-11　東芝グループのカンパニー制◆

```
┌─────────────┐
│   取締役会   │
│  指名委員会  │
│  監査委員会 ●├──┤監査委員会室│
│  報酬委員会  │
└─────────────┘
┌─────────────┐
│     社長     │
└─────────────┘
                    ［コーポレート］
                    スタフ部門

                    インダストリアルICTソリューション社

                    ［事業グループ］
                    電力・社会インフラ事業グループ
                    　電力システム社
                    　社会インフラシステム社

                    コミュニティ・ソリューション事業グループ
                    　コミュニティ・ソリューション社

                    ヘルスケア事業グループ
                    　ヘルスケア社

                    電子デバイス事業グループ
                    　セミコンダクター&ストレージ社

                    ライフスタイル事業グループ
                    　パーソナル&クライアントソリューション社
```

出所：㈱東芝ホームページ，企業情報「組織図」(http://www.toshiba.co.jp/about/org_j.htm)
　　　2015年9月14日確認。

(4) 組織の分権化のメリット・デメリット

会社が組織の分権化を進めると，図表1-12のようなメリットとデメリットがあるとされています。

◆**図表1-12　分権化のメリットとデメリット**◆

《分権化のメリット》	《分権化のデメリット》
・迅速かつ適切な意思決定が可能になる ・管理者の動機づけができる ・管理者の能力の向上に資する	・部分最適に陥りがち ・本社との調整に時間を要する ・コストが増加する

東芝グループは2015年3月期の決算発表が2015年9月に遅延するなど不適切会計問題で揺れています。この問題に関連して，本社が各事業部門を管理しにくくなるカンパニー制の弊害を指摘する意見もあります。

カンパニー制導入の草分け的な会社であったソニー㈱は，10年程度でカンパニー制を廃止しています[18]。ソニー㈱がカンパニー制を廃止した理由は，中期経営方針（2005～2007年度）[19]で述べられているように「縦割り的弊害」，「効率」，「スピード」，「重複」といった言葉に端的に表されています。

逆に，カンパニー制を導入し成功している企業もあるとされています[20]。会社は，将来を見据えて最適な組織体制を構築すべく，絶えず模索しているのです。

会社の組織については，「第3章❷　会社のグループ経営」も参考にしてください。

---

[18]　ソニー㈱の有価証券報告書（2015年3月期）「第1　企業の概況　2　沿革」によると，1995年4月にカンパニー制に移行しましたが，2005年10月にこれを廃止し，事業本部・事業グループなどからなる新組織を導入したとされています。

[19]　プレスリリース（2005年9月22日付）(http://www.sony.co.jp/SonyInfo/News/Press/200509/05-050/index.html) 2015年9月14日確認。

[20]　産経ニュース（2015.5.29）http://www.sankei.com/economy/news/150529/ecn1505290025-n1.html（2015年9月14日確認）によれば，東芝のライバルの日立製作所は成功例としてあげられています。

第2章

会社の成績を知る

1 ディスクロージャー制度

　会社の発行する株式や社債[1]等の有価証券の取引が公正に行われ，それらが円滑に流通するようにするためには，会社情報の開示制度を整備することにより投資者の保護を行わなければなりません。投資者は開示された会社情報を材料に投資の判断を行うからです。このような会社情報の開示制度を**ディスクロージャー制度**[2]といいます。適切なディスクロージャー制度があってこそ，わが国の経済の健全な発展が期待できるのです。ディスクロージャー制度は金融商品取引法を中心に定められていますが，それ以外にも会社の利害関係者に対してさまざまな会社情報の提供を行う仕組みが整備されています。

　本節では，わが国におけるさまざまな会社情報の伝達の仕組みをみていきます。

1. 会計情報の分類

　情報の中でも，会社の財政状態や経営成績を表す会計情報は，利害関係者に的確に伝えなければなりません。一般に，外部の利害関係者に会社の会計情報を提供する会計を**財務会計**といい，会社内部の経営者に会社の経済活動を測定し伝達する会計を**管理会計**といいます。本章■「ディスクロージャー制度」から■「財務諸表の作成原理」は主に財務会計を，■「原価計算」と「原価管理」は主に管理会計を取り扱います。

　会社がその会計情報を利害関係者に伝えるというのは，元来法律で強制されなくても自発的になされなければならないことです。特に，会社の業績に関する会計情報は，投資家の意思決定を左右するため大変重要です。しかし，

---

1) 民間の会社が発行する債券で，事業債とも呼ばれています。金利は預金や国債に比べて高めです。
2) ここでいう「会社情報の開示制度」は，企業内容開示制度ともいいます。

会社の影響力が増大し，利害関係者も無数に拡大していくと，会計情報の重要性に鑑み，これらの提供の仕方に係るルールを法律で定めることが適切だと考えられるようになってきました。

現在，わが国において，会社の会計情報に関する規制を行っている法律としては，会社法，金融商品取引法，法人税法があります。このような法律制度の一環として法規制に準拠して行われる会計を**制度会計**と呼びます。

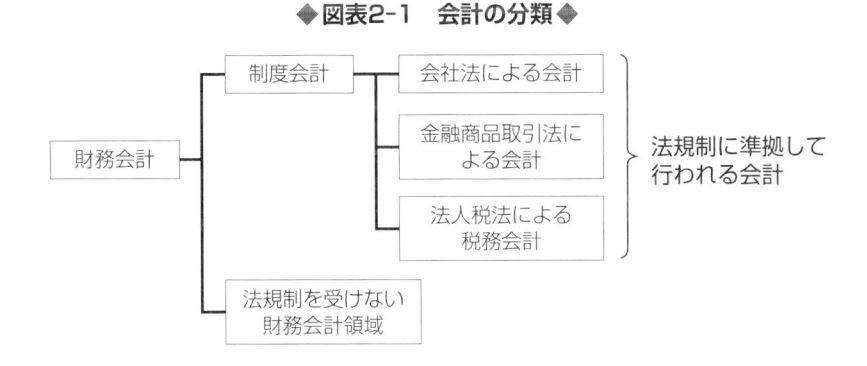

◆図表2-1　会計の分類◆

```
                        ┌─ 会社法による会計      ┐
         ┌─ 制度会計 ──┼─ 金融商品取引法に     │ 法規制に準拠して
財務会計 ─┤              │  よる会計             ├ 行われる会計
         │              └─ 法人税法による       │
         │                 税務会計             ┘
         └─ 法規制を受けない
            財務会計領域
```

会社法による会計，金融商品取引法による会計および法人税法による税務会計については，以下で順次説明します。

一方，法律で規制されない会計とは，法規制を受けずに会社が自発的に行う会計のことです。主なものとして，証券取引所[3]の要請する決算発表（➡本章**1**　5.）があります。

制度会計およびそれ以外の会計はいずれも利害関係者に対する説明に必要なものですが，特に会社の資本の投資者との間の関係を良好に保つための目的で行われることもあります。後者の目的で行われる財務広報活動を，インベスター・リレーションズ（Investor Relations：**IR**）と呼びます。

---

3) 2007年に施行された金融商品取引法上は，「金融商品取引所」という名称ですが，各取引所は従来使用していた名称を使用できることとされたため，本書では「証券取引所」としています。

2. 会社法

　会社法は，会社をめぐる利害関係者の調整を目的として制定されています。会社法が定める会計書類は，**計算書類**と呼ばれ，経営者・株主・債権者間の利害調整機能を果たす役割を負っています。

◆ 図表2-2　株式会社が作成しなければならない書類 ◆

```
1．計算書類
　・貸借対照表
　・損益計算書
　・株主資本等変動計算書
　・個別注記表
2．事業報告
3．（計算書類および事業報告の）附属明細書
```

　会社は，決算日後，計算書類を作成し，株主総会招集通知書に計算書類を添付して送付しなければなりません。図表2-3は，公開会社たる大会社の計算書類作成から公告までの流れです。

◆ 図表2-3　3月決算の会社の例 ◆

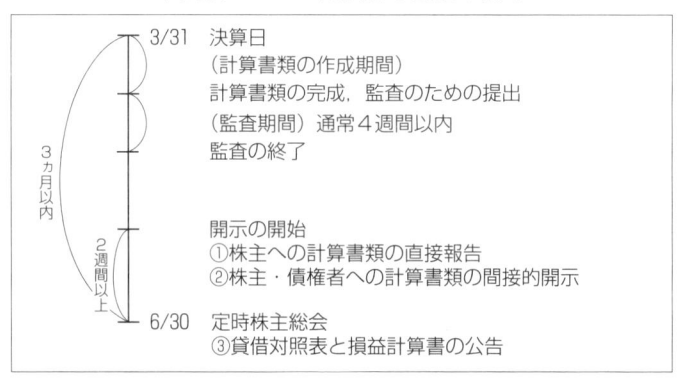

```
3/31  決算日
      （計算書類の作成期間）
      計算書類の完成，監査のための提出
      （監査期間）通常4週間以内
      監査の終了

      開示の開始
      ①株主への計算書類の直接報告
      ②株主・債権者への計算書類の間接的開示
6/30  定時株主総会
      ③貸借対照表と損益計算書の公告
```

（3カ月以内／2週間以上）

第1章**2**で説明したように，株主総会は会社の最高意思決定機関です。会社法上，定時株主総会は，毎事業年度の終了後一定の時期，すなわち決算日から3か月以内に招集しなければならないとされています。そして，会社法は，株主総会の2週間前までに計算書類の郵送や本支店での備え置きにより財務報告を行うべきことを定めています。財務報告の中心となる計算書類は，監査役（会）等および会計監査人の監査を受ける必要があります。監査とは，計算書類が会社法の定める基準で作成され，会社の状況を適正に表しているかどうかを確認する手続のこと（➡本章**1** 6．）です。

会社の利害関係者への報告は，図表2-3の①〜③の形で行われます。③は，株主総会後遅滞なく，貸借対照表と損益計算書またはこれらの要旨を官報ないし日刊新聞に公告，または自社ウェブサイトで公開することが義務づけられています（有価証券報告書提出会社を除く）。

また，会社は剰余金の配当を年度の途中においていつでも実施することができます[4]が，この場合は年度途中の所定日を臨時決算日として臨時計算書類を作成する必要があります[5]。

3．金融商品取引法

会社法が会社と株主・債権者等との直接的な私的な利害関係を調整しているのに対して，金融商品取引法は私的利害関係を超えた国民経済全体の発展や調和を目的とした法律です。

この目的のため，同法は，証券市場に参加する会社が投資者への情報提供のために**財務諸表**を作成・開示すべきことを義務づけています。財務諸表と計算書類は，様式や範囲等に差異がありますが，内容は同じです。財務諸表の内容は，図表2-4のとおりです。

---

[4] 会社法第454条第1項。
[5] 会社法第441条。

◆図表2-4　財務諸表の内容◆

- 貸借対照表
- 損益計算書
- 株主資本等変動計算書
- キャッシュ・フロー計算書
- 附属明細表

　金融商品取引法は，上場会社等に対して，事業年度ごとに決算日から3か月以内に有価証券報告書を作成し，提出することを求めています。**有価証券報告書**とは，金融商品取引法で定められている財務諸表を含む財務情報および非財務情報からなる報告書のことです。有価証券報告書を毎事業年度ごとに提出しなければならない会社は図表2-5のとおりです。

◆図表2-5　有価証券報告書の提出が義務づけられる会社（以下の発行会社）[6]◆

- 金融商品取引所に上場されている有価証券
- 店頭登録されている有価証券
- 募集または売出しにあたり有価証券届出書または発行登録追補書類を提出した有価証券
- 過去5年間において事業年度末日に所有者数が1000人以上となったことのある会社の株券または優先出資証券（ただし，資本金5億円未満の会社を除く。）

　また2008年度から**四半期決算**が導入され，3か月ごとに財務報告が行われる仕組みになっています（図表2-6）。また，このほか，臨時に重要事項が発生した場合には，その状況を説明する**臨時報告書**を提出しなければなりません。

　なお，この有価証券報告書および四半期報告書等は，金融庁が運営する**EDINET**という電子開示システムによって誰でもインターネット上で閲覧することが可能となっています。

---

6)　金融商品取引法第24条第1項。

◆図表2-6　通常公表される決算（事業年度末が3月末である会社の決算の例）◆

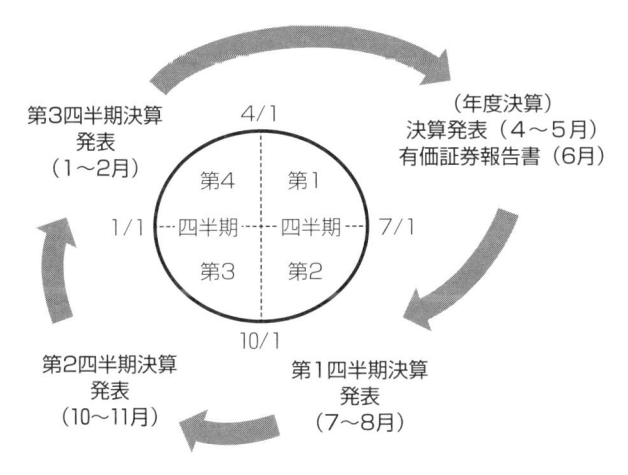

```
                    4/1
第3四半期決算                    （年度決算）
   発表          第4  第1        決算発表（4～5月）
  （1～2月）    1/1 四半期 四半期 7/1  有価証券報告書（6月）
                 第3  第2
                   10/1
       第2四半期決算        第1四半期決算
          発表                発表
       （10～11月）          （7～8月）
```

4. 税務会計

　会社には，法人税が課せられます。その税額は，各事業年度ごとに算定される課税所得の額に，所定の税率を乗じて計算されます。課税所得を計算するための会計が**税務会計**です。税務会計は，財務諸表の作成と報告を目的とする会計ではありませんが，会社にとっては納税額を決定する重要な会計であり，会社の実務に重要な影響を及ぼしています。

　わが国の税務会計においては，**確定決算主義**を採用しており，税務申告書は決算後に行われる株主総会によって承認された（確定した）決算書に基づいて作成されなければならないとされています。つまり，課税所得は，財務会計上確定した収益・費用の額に税務上の調整を加えて算出されるのです（図表2-7）。

　会社は，決算日後2か月以内（1か月延長可）に税務署長に申告しなければなりません。

第2章　会社の成績を知る

◆図表2-7　課税所得の計算方法（イメージ）◆

```
  損益計算書の当期純利益
 ＋税法特有の加算項目（交際費等）
 －税法特有の減算項目（受取配当金等）
  課税所得の額
```

5. 証券取引所の要請に基づく開示

❷〜❹で紹介した制度会計による財務報告制度とは別に，証券取引所は，独自に決算発表の制度を設けています。これは取引所が上場会社に，取締役会での決算案の承認後ただちに決算概要を発表するよう要請しているのに応えて，上場会社が**決算短信**と呼ばれる書類を作成して証券取引所へ提出するとともに，取引所の記者クラブで記者会見を行う制度です。決算短信には，報告対象期の実績値（売上高・経常利益・当期純利益・総資産・純資産等）のほか，次期の予測値も含まれます。

決算短信の例については，図表2-40を参照してください。

6. 監査の役割

図表2-3で監査という言葉が出てきます。**監査**とは，一般に一定のルールや規範に準拠したものとなっているかどうかについて，独立の立場にある第三者が，自ら入手した証拠に基づいて判断した結果を意見として表明する行為をいいます。

ここでは，ディスクロージャー制度と密接に関係する監査役による監査（監査役監査）と会計監査人による監査（会計監査人監査）を紹介しておきます。

(1) 監査役監査

監査役監査は，取締役（会計参与設置会社にあっては，取締役および会計

参与）の職務の執行を監査するものです[7]。監査した結果については，監査報告を作成しなければならないとされています。

監査役監査には，業務監査と会計監査があります。

業務監査とは，取締役の業務の執行を監査することを目的としています。監査役は，取締役が会社の目的外の行為等，法令・定款に違反する行為をするおそれがあると認めたとき，会社に著しい損害または重大な事故等を招くおそれがある事実を認めたとき，会社の業務に著しく不当な事実を認めたときは，取締役に対して助言または勧告を行うなど，必要な措置を講じることとされています。

また，取締役から会社に著しい損害が発生するおそれがある旨の報告を受けた場合には，必要な調査を行い，取締役に対して助言または勧告を行うなど，状況に応じ適切な措置を講じることも求められています。

会計監査とは，計算書類とその附属明細書，ならびに臨時計算書類[8]について，法令あるいは定款違反がないかどうか確かめることです。

(2) 会計監査人監査

第1章**2**で説明したように，会計監査人は株式会社の機関の1つです。会計監査人の選任および解任は，監査役（監査役が2人以上ある場合にはその過半数，監査役会設置会社の場合は監査役会）の提案により，株主総会で選任され[9]，その任期は選任後1年以内に終了する事業年度のうち最終のものに関する定時総会の終結の時までとなっています[10]。

会計監査人は，会社の作成する計算書類等の会計監査を行い，会計監査報告を作成することを主な任務としています。

---

7) 会社法第381条第1項。
8) 期中の特定の日を臨時決算日として，決算に準じた手続により作成する貸借対照表と損益計算書をいいます。臨時の決算を行って期中の損益を取り込むことにより，その時点での分配可能額を計算し，それを剰余金の配当あるいは，自社株の購入に利用します。
9) 会社法第344条。
10) 会社法第338条第1項。

(3) 監査役と会計監査人の関係

会計監査人設置会社における監査役の役割は，会計処理が適切に行われているかどうかを監査することよりも，図表2-8が示すように会計監査人の職務遂行の適切性の検証に重点が置かれています。

◆図表2-8　監査役と会計監査人との役割分担◆

```
                        会計
        監査役         監査人
役                              
員    会計監査          財務諸表
（                      監査
株     適正性                      
主                                  
総                                 適正性
会    業務監査    監査の方法・結果の
で            相当性を判断
選   適法（妥当）性
任          ↕連携
）
       内部監査部門
```

監査役監査は，取締役の職務の執行を監査することによって，取締役が関与している重大な企業不祥事を防止することが期待されています。また，公認会計士または監査法人が行う会計監査人監査と監査役監査の相互の連携により，社会的信頼に応える良質なコーポレート・ガバナンスの確立および充実を図る責務を負っています。

7. インサイダー取引

正規のディスクロージャー制度によらず，会社の情報を不正に入手して取引を行い，利益を上げたという事件が後を絶ちません。上場会社等の関係者や公開買付者の関係者が，当該会社や公開買付者等の内部情報（インサイダー情報）を知って，その公表前に当該会社の株券等や公開買付等に係る株券等の売買等を行う取引を**インサイダー取引**[11]といいます。

---
11) 会社関係者のインサイダー取引規制は金融商品取引法第166条に規定されています。

ここでの「公表」とは，以下のいずれかに該当することとされています。
①重要事実を2つ以上の報道機関（いわゆる一般紙や日本放送協会など，法令に定められているもの）に公開してから12時間経過すること
②重要事実が，上場している金融商品取引所のホームページに掲載されること
③重要事実が記載された有価証券報告書等が公衆縦覧に供されること

なお，会社のホームページでの情報公開では，重要事実の公表に該当しません。

インサイダー取引は，証券市場の公正性と健全性を害するため，金融商品取引法で禁止されています。個人，法人いずれが行った場合であっても実施した者に対して5年以下の懲役もしくは500万円以下の罰金が科せられ，あるいは併科されます。法人の場合であれば，5億円以下の罰金刑が科されます。

2013年の金融商品取引法の改正においては，さらに情報伝達・取引推奨行為に対する規制が導入されました。これは，
　①未公表の重要事実を知っている会社関係者が，他人に対し，
　②「公表前に取引させることにより利益を得させる目的」をもって，
　③情報伝達・取引推奨を行うことを禁止
するもので，不正な情報漏えいの抑止が強化されました。

インサイダー取引の監視は，証券取引等監視委員会[12]が，金融商品取引所，証券会社等と連携し行っています。

---

12) 有価証券市場の公正性・透明性を確保し，投資者を保護することを使命とする金融庁に設置された委員会。

2 財務諸表の作成原理

　会社の一時点の財政状態（ストック情報）を示す貸借対照表，一定の期間の経営成績（フロー情報）を示す損益計算書を中心とする会社の会計報告書一式を財務諸表と呼びます。本章「**1**　ディスクロージャー制度」で紹介したように，会社は財務諸表を使って外部の利害関係者に会社の会計情報を提供します。

　それでは財務諸表はどのように作成されるのでしょうか。会社が採用する会計を企業会計と呼びます。企業会計の内容は，社会経済の変化に伴い大きく変わってきました。

　本節では，企業会計の基本的な考え方を学びます。

1. 財務諸表とは

　本章1で財務会計と管理会計の違いを説明しましたが，ここでは財務会計を中心に取り上げます。

　財務会計において，会社の会計情報を提供する書類を財務諸表といいます。財務諸表とは，貸借対照表，損益計算書を基本とし，キャッシュ・フロー計算書，株主資本等変動計算書が加わります。さらに補足情報として，注記，附属明細書(表)があります。**フロー**とは一定期間の動きを指し，**ストック**とは一時点の状態を指します。

　フローを表す代表的な計算書は損益計算書およびキャッシュ・フロー計算書であり，ストックを表す代表的な計算書は貸借対照表です（図表2-9）。それぞれは，後述するように密接に関連しています。

2 財務諸表の作成原理

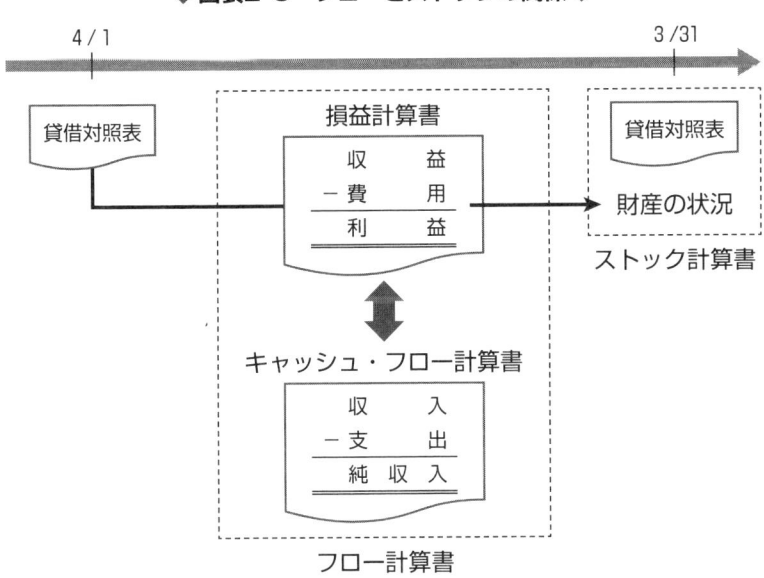

◆図表2-9　フローとストックの関係◆

```
4/1                                           3/31
─┼────────────────────────────────────────────┼──→

貸借対照表         損益計算書          貸借対照表
                   収   益
                  －費   用           財産の状況
                   利   益
                                    ストック計算書
                      ↕
                キャッシュ・フロー計算書
                   収   入
                  －支   出
                   純 収 入

                    フロー計算書
```

(1) 貸借対照表

　貸借対照表は，ストック情報の代表であり，会社の一時点の財政状態を表す計算書です。貸借対照表のイメージは，図表2-10のようになっています。

◆図表2-10　貸借対照表(イメージ)◆

(資産の部)	(負債の部)
流動資産	流動負債
現金及び預金	固定負債
……	
固定資産	(純資産の部)
有形固定資産	株主資本
無形固定資産	資本金
投資その他の資産	資本剰余金
繰延資産	利益剰余金
	評価・換算差額等
	新株予約権

第2章　会社の成績を知る

　図表2-10のように，資産の部を左，負債の部および純資産の部を右に配置する様式を**勘定式**といいます。他方，資産の部，負債の部，純資産の部の順に縦に並べていく方法を**報告式**と呼んでいます。会計報告を規定する法令規則によって報告の様式は異なりますが，内容は同じものです。

　もう1点説明が必要なのは，資産の部，負債の部それぞれにおける，勘定科目の配置です。図表2-10で示したのは，流動資産，流動負債がそれぞれの部の最初に記載されています。このように流動性（資産であれば換金性，負債であれば返済期限の早さ）の高いものから先に並べる方法を**流動性配列法**と呼びます。逆は**固定性配列法**といい，固定資産の割合が高い特定の業種の貸借対照表で用いられています。

(2) 損益計算書

　損益計算書とは，会社の一定期間の経営成績を明らかにするための計算書です。一般には，図表2-11で示すように，収益とそれに対応する費用を表示し，段階的に利益を計算する区分式の様式がとられます。

◆**図表2-11　損益計算書（イメージ）**◆

営業損益計算	Ⅰ. 売上高 Ⅱ. 売上原価 　　　売上総利益 Ⅲ. 販売費及び一般管理費 　　　営業利益	主たる営業活動による利益を計算
経常損益計算	Ⅳ. 営業外収益 Ⅴ. 営業外費用 　　　経常利益	営業活動に付随する金融活動による収益・費用 経常的な活動による利益を計算
純損益計算	Ⅵ. 特別利益 Ⅶ. 特別損失 　　　税引前当期純利益 Ⅷ. 法人税・住民税及び事業税 　　　当期純利益	臨時的な活動・事象から生じた利益・損失 すべての活動の結果から生じた利益を計算

→ 当期の業績の判断材料

(3) キャッシュ・フロー計算書

損益計算書は，会社の収益力を表す計算書ですが，会社の安全性を評価するには，同時に現金余剰を生み出す能力や債務を返済する能力を評価することも必要になります。会社の収入・支出の状況や期末の資金残高に関する情報を提供するのが**キャッシュ・フロー計算書**です。

ここで，キャッシュとは，**現金及び現金同等物**のことを指します。現金とは，手許現金だけでなく，当座預金，普通預金，通知預金等の要求払預金も含まれます。現金同等物とは，容易に換金することができ，かつ価値の変動について僅少なリスクしか負わない短期投資をいいます。

これらキャッシュの変動は，会社の活動の内容に応じて，①**営業活動**，②**投資活動**，③**財務活動**の3つに区分されます。

◆図表2-12　キャッシュ・フロー計算書における3つの活動区分◆

活動の種類	内容	例示
営業活動	企業が主として営む事業に関連する活動	売上収入，商品・原材料の仕入の支出，人件費・販売管理費の支出
投資活動	設備投資，証券投資，融資	(収入)中古設備の売却収入，有価証券の売却収入，貸付金の回収 (支出)固定資産投資，有価証券の取得，貸付の実行
財務活動	資金の調達と返済	(収入)新規借入，社債発行，増資 (支出)借入金の返済，社債の償還

(注) 利子および配当については，以下の2つの処理方法があります。
①受取利息，受取配当金，支払利息を営業活動の区分に，支払配当金を財務活動の区分に記載する方法
②受取利息と受取配当金を投資活動の区分に，支払利息と支払配当金を財務活動の区分に記載する方法

図表2-13は，キャッシュ・フロー計算書のイメージです。営業活動によるキャッシュ・フローの作成および表示方法には，直接法と間接法の2通りがあります。

直接法とは，期中の収入額と支出額の総額を記載することにより，期中に

第2章　会社の成績を知る

おける資金の増減を直接的に明らかにする方法です。

間接法とは，損益計算書の当期純利益の金額に調整を加えることにより，期中の資金変化額を間接的に明らかにする方法です。これらの方法はいずれも認められていますが，大部分の会社は，間接法を採用しています。

◆図表2-13　キャッシュ・フロー計算書(イメージ)◆

〈直接法の場合〉

	【直接法】		
営業活動	売上収入	××	
	仕入支出	△××	××
投資活動	備品購入支出	△××	××
財務活動	銀行借入収入	××	××
	当期中の資金の変動		××
	現金及び現金同等物期首残高		××
	現金及び現金同等物期末残高		××

〈間接法の場合〉

	【間接法】		
営業活動	当期純利益	××	
	減価償却費	××	
	売掛金の増加	△××	××
投資活動	備品購入支出		△××
財務活動	銀行借入収入		××
	当期中の資金の変動		××
	現金及び現金同等物期首残高		××
	現金及び現金同等物期末残高		××

(4) 株主資本等変動計算書

会社の純資産（資産－負債）は貸借対照表に表示されますが，それ以外にも純資産の各項目が期首から期末の間にどのように変動したかを示す**株主資本等変動計算書**が作成されます（図表2-14）。

◆ 図表2-14　株主資本等変動計算書（イメージ）◆

	資本金	資本剰余金	利益剰余金
前期末残高	××	××	××
当期変動額			
新株の発行	××	××	
剰余金の配当			△××
当期純利益			××
当期末残高	××	××	××

　株主の払込資本はすべて「資本金」とするのが原則ですが，資本金としなかった部分は「資本準備金」とされます。払込資本の性質をもつその他の項目は，「その他資本剰余金」とされます。

　会社の利益の一部は，配当として株主に分配されますが，その残りは留保利益として会社の中に蓄積されます。これを「利益剰余金」といいます。利益剰余金は，現金配当を行った際に法律に従って設定した「利益準備金」と，会社が自らの判断で任意に設定した「任意積立金」及び留保利益の残りの部分の「繰越利益剰余金」からなる「その他の利益剰余金」に分けられています。（図表2-15）。

◆ 図表2-15　資本の源泉別分類 ◆

株主資本	資本金		払込資本
	資本剰余金	資本準備金（株式払込剰余金）	
		その他資本剰余金（自己株式処分差益等）	
	利益剰余金	利益準備金	留保利益
		その他利益剰余金（任意積立金，繰越利益剰余金）	
評価・換算差額等	その他有価証券評価差額金，繰延ヘッジ損益，土地再評価差額金		
新株予約権			
純資産合計			

(5) 財務諸表相互の関係

　貸借対照表の純資産の部は，会社の活動によって増減します。基本的には，期首の純資産の残高と期末の残高を比べると，当期に会社が儲けた利益（被った損失）だけ期末の残高が増加（減少）することになります。

　(4)で示したように，純資産の部には，株主資本等資本以外にもいくつかの項目が計上されることになっていますので，損益計算書で計算された利益（損失）だけでなく，他の純資産の項目の変動を株主資本等変動計算書に表示し

◆図表2-16　財務諸表間の関連◆

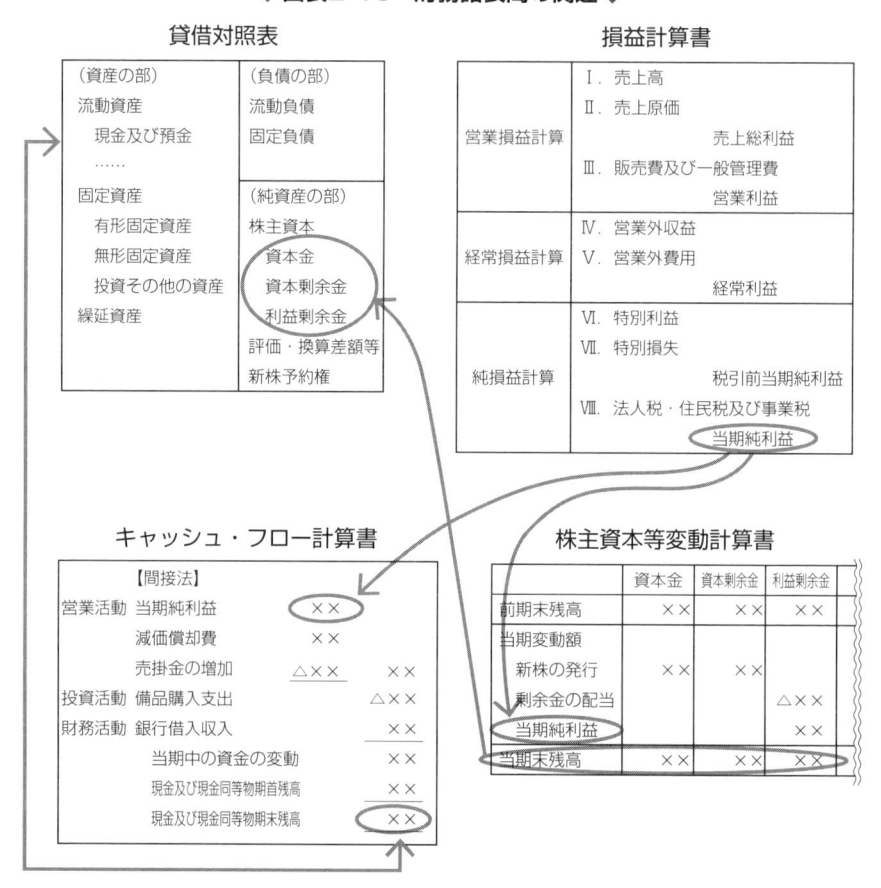

貸借対照表		損益計算書	
(資産の部)	(負債の部)	営業損益計算	Ⅰ．売上高
流動資産	流動負債		Ⅱ．売上原価
現金及び預金	固定負債		売上総利益
……			Ⅲ．販売費及び一般管理費
固定資産	(純資産の部)		営業利益
有形固定資産	株主資本	経常損益計算	Ⅳ．営業外収益
無形固定資産	資本金		Ⅴ．営業外費用
投資その他の資産	資本剰余金		経常利益
繰延資産	利益剰余金	純損益計算	Ⅵ．特別利益
	評価・換算差額等		Ⅶ．特別損失
	新株予約権		税引前当期純利益
			Ⅷ．法人税・住民税及び事業税
			当期純利益

キャッシュ・フロー計算書

【間接法】
営業活動　当期純利益　　　　　××
　　　　　減価償却費　　　　　××
　　　　　売掛金の増加　　△××　××
投資活動　備品購入支出　　　△××
財務活動　銀行借入収入　　　　××
　　　　　当期中の資金の変動　××
　　　　　現金及び現金同等物期首残高　××
　　　　　現金及び現金同等物期末残高　××

株主資本等変動計算書

	資本金	資本剰余金	利益剰余金
前期末残高	××	××	××
当期変動額			
新株の発行	××	××	
剰余金の配当			△××
当期純利益			××
当期末残高	××	××	××

ます。その結果，示された株主変動計算書の期末残高が貸借対照表の期末残高に合致します。

一方，資金の変動を示すキャッシュ・フロー計算書における現金及び現金同等物の期末残高は，貸借対照表の該当科目の残高に一致します（図表2-16）。

2. 複式簿記の仕組み

(1) 複式簿記とは

会社の活動の結果を以上のような財務諸表に表すには，活動ごとに体系的，継続的に記録する仕組みが必要になってきます。そのための手段が**複式簿記**です。

複式簿記では，「複」が「2つ」を意味するとおり，1つの取引を2つの面から捉えるという特徴があります。取引を2つの面から捉えることにより，単純な仕組みで利潤計算が可能となり，貸方，借方が一致するということを確認することにより正しいかどうかを自動検証することが可能となります。

◆図表2-17　複式簿記（イメージ）◆

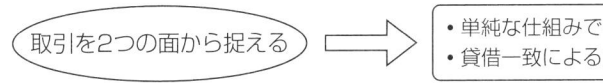

取引を2つの面から捉える　⇒　・単純な仕組みで利潤計算が可能
・貸借一致による自動検証

(2) 簿記の5要素

複式簿記においては，さまざまな勘定科目を用いて，取引を記録しますが，これらの勘定科目は，5つのグループ（要素）に分けられます。**資産**，**負債**，**資本**（利益を含む），**収益**，**費用**の5つです。

これらの5要素に影響をする取引が簿記上の取引であり，影響しないものは簿記上の取引には該当しません。例えば，商品の受注は簿記上の取引には該当しません。商品を引き渡した段階で初めて簿記上の取引となるのです。

第2章 会社の成績を知る

◆図表2-18 複式簿記の5要素◆

①財産の計算の要素は、**資産・負債・資本**

[貸借対照表等式]
資産＝負債＋資本

②損益の計算の要素は、**収益・費用**

[損益計算書等式]
収益＝費用＋利益

(3) 簿記一巡の流れ

　会社の活動の記録は、**仕訳**から始まります。仕訳に記録された勘定の増減は、**総勘定元帳**という法定帳簿に転記されます。一会計年度が終わると、いったん、総勘定元帳が締め切られ、決算のために必要な**決算整理**が行われたのち、**合計残高試算表**が作成されます。このうち残高試算表が分離されて、貸借対照表と損益計算書が出来上がるのです（図表2-19、図表2-20）。

◆図表2-19　簿記一巡の流れ（イメージ）◆

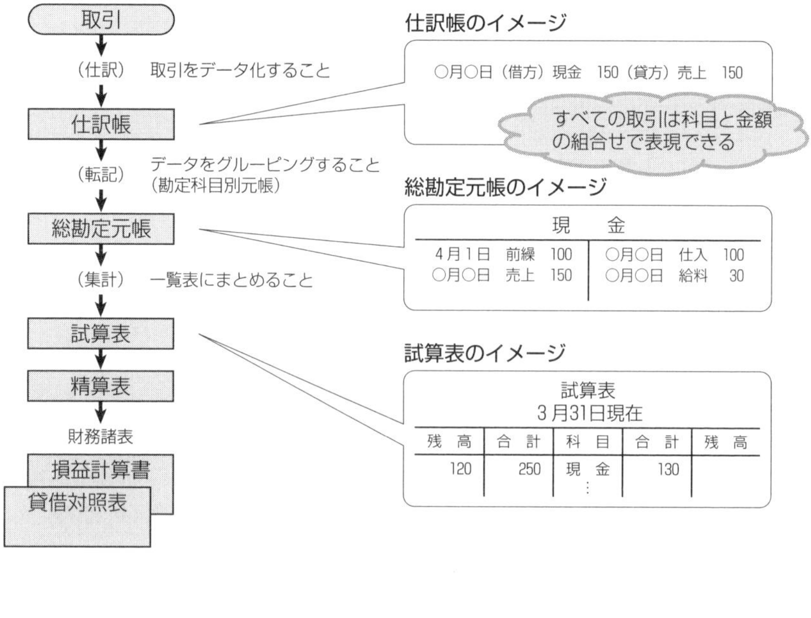

```
取引
 ↓ （仕訳）　取引をデータ化すること
仕訳帳
 ↓ （転記）　データをグルーピングすること
　　　　　　（勘定科目別元帳）
総勘定元帳
 ↓ （集計）　一覧表にまとめること
試算表
 ↓
精算表
 ↓ 財務諸表
損益計算書
貸借対照表
```

仕訳帳のイメージ

○月○日（借方）現金　150（貸方）売上　150

　すべての取引は科目と金額の組合せで表現できる

総勘定元帳のイメージ

	現	金	
4月1日　前繰　100	○月○日　仕入　100
○月○日　売上　150	○月○日　給料　30

試算表のイメージ

試算表
3月31日現在

残高	合計	科目	合計	残高
120	250	現金	130	
		⋮		

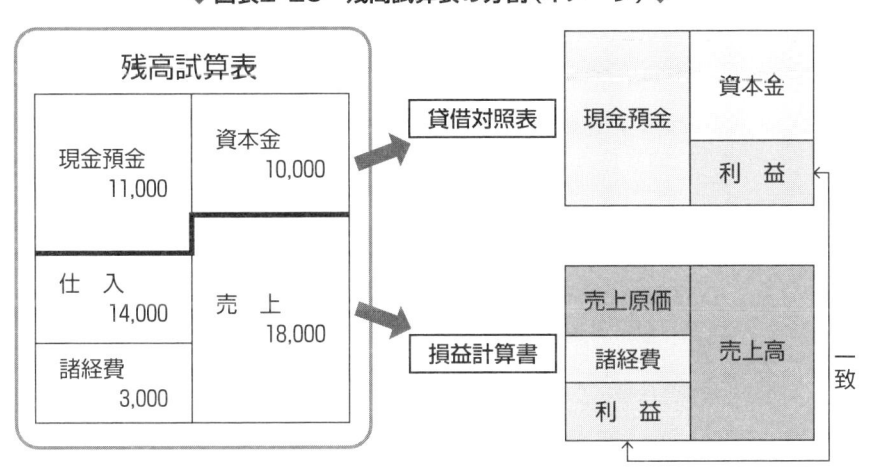

◆図表2-20　残高試算表の分割（イメージ）◆

残高試算表

現金預金 11,000	資本金 10,000
仕入 14,000	売上 18,000
諸経費 3,000	

→ 貸借対照表：現金預金／資本金・利益
→ 損益計算書：売上原価・諸経費・利益／売上高

一致

　図表2-20で示した残高試算表をみるとわかるように，貸借対照表から算出される利益（資本の増殖分）と損益計算書から導かれる利益は一致します。

3. 発生主義会計の考え方

(1) 発生主義会計とは

　現金及び現金同等物だけを認識の対象とし，それらの収入・支出時に取引を認識する会計手法を**現金主義会計**[13]と呼びます。一方，認識の対象を現金及び現金同等物だけでなく，あらゆる経済資源に拡大し，経済的な事実の発生時点で収益や費用を認識する方法を**発生主義会計**と呼んでいます。国や地方公共団体の一般会計は現金主義会計を採用していますが，会社の採用する企業会計では発生主義会計を採用しています。

　現金主義会計に比べて発生主義会計は，会社の経営活動の成果をよりよく表しているといえます。なぜならば，現金の収受だけでは，会社の経営活動

---

13) 本文中の発生主義会計の中でも，現金の収受の際に収益および費用を認識する会計処理を現金主義会計と呼ぶ場合もあるため，留意が必要です。

の成果，つまり経済的価値の獲得や消費といった事実が把握できないからです。

◆図表2-21　官庁会計と企業会計◆

	官 庁 会 計	企 業 会 計
目 的	金銭の収入支出や物品の管理	同左および損益計算
手 法	・単式簿記 　取引をお金の動きだけで捉えるので収支会計のみ，貸借対照表はない。 ・現金主義 　収入した時，支出した時に取引を認識。ただし，出納閉鎖期間を設けることによって発生主義に近づける。	・複式簿記 　取引を二面的に捉えるので仕訳を自動検証できる仕組み。勘定科目ごとに継続記録できる。 ・発生主義 　取引を現金の受払いの時とは関係なく，それが発生した時に認識。

(2) 発生主義会計の基本原則

　会社の採用する企業会計は，(1)で述べたように発生主義会計を採用しています。発生主義会計における基本的な原則として，**費用収益対応の原則**があります。これは，会社の経営活動の成果を現す収益と，それを得るために費やされた犠牲としての費用を対応づけることにより，各期間の会社の経営成績がよりいっそう適切に測定されるようにすることです。

　費用収益の対応方法には，2種類あります。1つは，売上高と売上原価のように特定の財貨を媒介として対応関係を直接的に認識する方法（**個別的対応**）です。2つ目は，同一期間に計上された収益と費用は対応しているものと考える方法です（**期間的対応**）。売上高と販売費及び一般管理費との関係が期間的対応の代表的なものです。

◆図表2-22　費用収益の対応関係◆

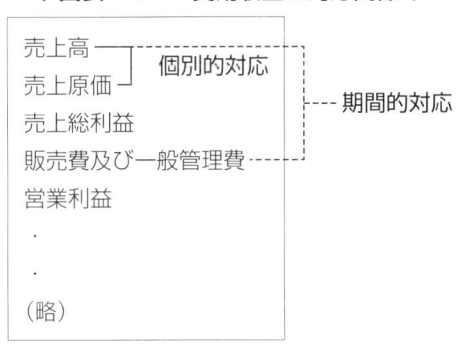

```
売上高 ─┐
売上原価 ┴─ 個別的対応 ─┐
売上総利益              ├── 期間的対応
販売費及び一般管理費 ────┘
営業利益
  ・
  ・
 (略)
```

(3) 発生主義会計の特徴①─減価償却

　建物や機械などの有形固定資産は，生産活動や販売管理活動に利用され，収益の獲得に貢献しています。したがって，建物等の取得原価は，その資産の利用によって達成された各年度の収益に対応させるために，各年度にわたって費用として配分されなければなりません。各年度に費用配分することを**減価償却**と呼びます。有形固定資産の使用可能な期間のことを耐用年数といい，利用に伴って価値が徐々に減少し，耐用年数が経過した時点でスクラップ価値（残存価額）にまで低下していると考えるのです。

　減価償却費を計上する仕訳は以下のようになります。

減価償却費　××　／　有形固定資産*　××

＊減価償却累計額という勘定科目を使うこともあります。

第2章 会社の成績を知る

◆図表2-23　減価償却のイメージ◆

固定資産の取得に要した費用を使える期間にわたり徐々に費用化する。

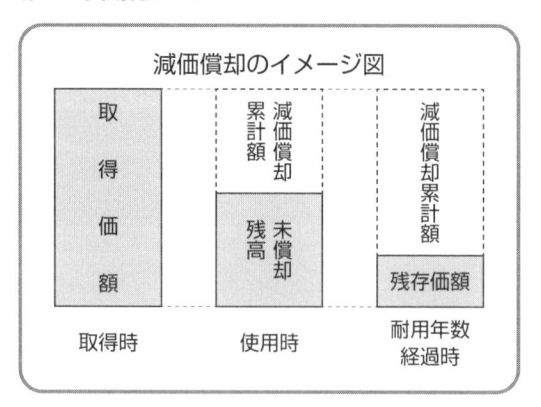

```
減価償却のイメージ図

取得価額      減価償却累計額      減価償却累計額
                              
              未償却残高        残存価額

取得時        使用時          耐用年数経過時
```

　減価償却費の計算方法にはいくつかありますが，ここでは，定額法と定率法を紹介しておきます。

　定額法とは，資産の耐用年数にわたって毎期一定の金額ずつの減価償却を行う方法です。一方，**定率法**とは，期首（会計年度の始まり）時点の未償却残高に毎期一定の償却率を乗じて，各期の減価償却費を計算する方法です。

◆図表2-24　減価償却費の計算方法の例◆

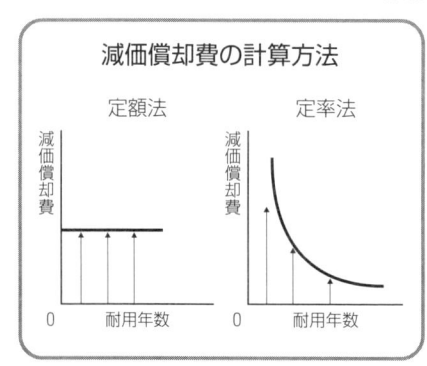

```
減価償却費の計算方法

    定額法              定率法
減価償却費            減価償却費
  ￣￣￣￣              ＼
                         ＼＿
0    耐用年数       0     耐用年数
```

減価償却費の計算式

定額法：
（取得価額－残存価額）÷ 耐用年数

実務上（税法上）は
（取得価額－残存価額）× 償却率

定率法：
期首未償却残高 × 償却率

(4) 発生主義会計の特徴②——経過勘定

　一定の契約に基づいて継続的に役務を授受する取引において，発生主義会計の適用を考えてみましょう。例えば，資産や金銭の賃借が典型的な例です。
　この場合，発生という事実を，時間の経過を基準に考えます。

◆ 図表2-25　経過勘定を使用する場合 ◆

期間帰属を適正にする

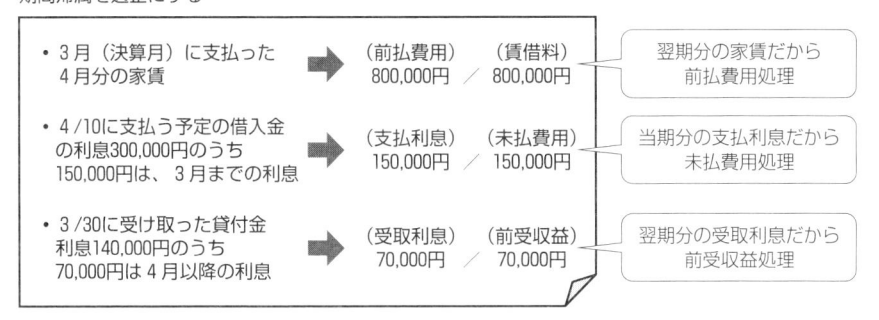

- 3月（決算月）に支払った4月分の家賃
　→ （前払費用）800,000円 /（賃借料）800,000円
　　翌期分の家賃だから前払費用処理

- 4/10に支払う予定の借入金の利息300,000円のうち150,000円は，3月までの利息
　→ （支払利息）150,000円 /（未払費用）150,000円
　　当期分の支払利息だから未払費用処理

- 3/30に受け取った貸付金利息140,000円のうち70,000円は4月以降の利息
　→ （受取利息）70,000円 /（前受収益）70,000円
　　翌期分の受取利息だから前受収益処理

　未収収益，未払費用，前受収益，前払費用の4項目を**経過勘定**と呼び，発生主義会計における収益・費用の認識の典型的な表れです。

(5) 発生主義会計の特徴③——引当金

　引当金とは，当期またはそれ以前の会社の活動の結果として生じる将来の資産減少の見積額のうち，当期の負担に属するものとして収益に対応させるべき額を費用または損失として計上するとともに，反対勘定として負債を認識するために設定される科目のことをいいます。つまり，会社の経済的負担を表すものとして認識された負債なのです。
　引当金は，以下の仕訳を通じて計上されます。

引当金繰入　××　/　引当金　××

第2章 会社の成績を知る

　引当金は見積により計上されるため，図表2-26のような要件を満たさなくてはならないとされています。

◆図表2-26　引当金の4要件◆

A	将来の特定の費用または損失に関するものであること（将来の資産減少）
B	その費用・損失の発生が，当期またはそれ以前の事象に起因していること（収益との対応関係）
C	その費用・損失の発生の可能性が高いこと（高い発生確率）
D	その金額を合理的に見積ることができること（客観的な測定可能性）

出所：企業会計原則・注解18。

◆図表2-27　貸倒引当金の会計処理◆

```
　N年　　>　N+1年　　>　N+2年
　　↑　　　　　↑　　　　　↑
　貸付実行　回収の見込なし　貸倒れ
```

N年：	㈱A社に対して貸付120百万円を行った。	貸付金120百万円／現金預金120百万円
N+1年：	㈱A社の財政状態が悪化し，回収の見込がなくなった。	貸倒引当金繰入額120百万円 　　　　　／貸倒引当金120百万円
N+2年：	㈱A社が倒産し，120百万円の貸倒損失が確定した。	貸倒引当金120百万円／貸付金　120百万円 ［貸倒損失　120百万円／貸付金　120百万円 　貸倒引当金120百万円／貸倒損失120百万円］

　貸倒引当金は，引当金の典型的なものです。「貸し出した事実」が図表2-26のBの事象と考える場合は，貸し出した時点で一定の貸倒引当金を計上する必要があります。貸し出した時点では費用・損失の発生が予測できなかった

場合であっても、貸出先がなんらかの事情で貸出金の回収可能性が低くなった場合は、その時点で引当金を計上する必要があります。図表2-27の例は、後者の場合の仕訳例です。

4. 会計理論

　会計は、実務で使えるものでなくてはなりません。企業会計原則は、実務と慣習の中から適切なものを抽出し、会計の原則として長く使われてきました。会社が個別に勝手な会計処理をするのでは読み手側にとっては不都合であり、やはりルール（会計基準）とそれを支える理論が必要になります。

　会計基準には、理論的な整合性（各会計基準間の整合性）、制度的な整合性（関連する企業会計法規）および経済的合理性などが必要となります。

　一方、実際に会計基準を適用する会計実務においては、会社の経営者、経理担当者、会計監査人等がかかわってきます。

◆図表2-28　会計理論の必要性◆

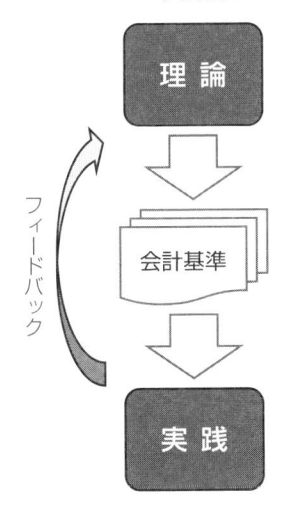

理論
↓
会計基準
・理論的に首尾一貫している
・経済的合理性
↓
実践
企業経営者、経理担当者、会計監査人

フィードバック

このようなことから，会計基準は，理論と実践との橋渡しとしての役割を担っているともいえます。

ただ，実務は変化していくため，それに適合するよう会計の理論も変化していかなければなりません。また理論を会計基準の文言に反映していく必要もあります。このように会計に関する理論と実務は常にフィードバックし合う関係にあり，会計基準の新設・改廃が行われていくのです。

(1) 会計公準

会計の基礎となる考え方を**会計公準**と呼んでいます。一般的には，図表2-29の3つが該当します。

◆図表2-29　会計公準◆

会計公準	内容
企業実体の公準	会社を出資者から独立した別個の存在であると考え，これを対象として会計の計算を行う。
継続企業の公準	会社は倒産しないという前提に立ち，期間を区切って会計の計算を行う。
貨幣的測定の公準	貨幣価値は変化しないという前提に立ち，会計の計算を貨幣額を用いて行う。

会計公準は，一般的に承認される内容であるため，これとうまく適合するように個々の具体的な会計処理が導かれます。

(2) 収益費用アプローチと資産負債アプローチ

図表2-20からもわかるように，利益の算出方法には2つがあります。**財産法**と**損益法**の2つで，前者は資本の増殖部分を利益として捉える方法，後者は収益と費用の差額を利益と捉える方法です。それぞれによって算出された利益は合致します。

しかし，損益法の基礎をなす収益・費用と，財産法の基礎をなす資産・負

債のいずれが基本的に重要な概念であるかについては見解が分かれます。

収益・費用が中心であるとする見解は**収益費用アプローチ**と呼ばれ，貸借対照表は収入・支出のうち収益・費用とならなかった部分を収容する集計表として位置づけられます。

一方，資産・負債を会計の基本概念とみる考え方を**資産負債アプローチ**といいます。伝統的な会計の考え方は収益費用アプローチに立っていましたが，最近では資産負債アプローチへと移ってきています。

資産負債アプローチに立って，1期間における純資産の増加（株主との直接取引を除く）として測定される利益を**包括利益**といいます。図表2-30は，包括利益の表示例です。当期純利益に，その他有価証券評価差額金等のその他の包括利益を加減し，包括利益を算出しています。わが国の場合，本章**3**で紹介する連結財務諸表においてのみ表示されます。

◆**図表2-30　包括利益の表示例（連結損益および包括利益計算書）**◆

売上高		××
・・・		
当期純利益		××
（内訳）		
親会社株主に帰属する当期純利益	××	
非支配株主に帰属する当期純利益	××	
その他の包括利益：		
その他有価証券評価差額金	××	
繰延ヘッジ損益	××	
・・・・・	××	××
包括利益		××
（内訳）		
親会社株主に帰属する包括利益	××	
非支配株主に帰属する包括利益	××	

(3) 帰納的アプローチと演繹的アプローチ

会計基準を設定するアプローチには、帰納的アプローチと演繹的アプローチの2つがあります。

帰納的アプローチとは、実際に行われている会計処理の諸方法を観察し、その中から一般的または共通的なものを抽出することによって会計基準を設定する方法をいいます。企業会計原則の前文には、「企業会計の実務の中に慣習として発達したものの中から、一般に公正妥当と認められるところを要約したもの」とされていることから、企業会計原則は帰納的アプローチによって形成されたものであることがわかります。

一方、**演繹的アプローチ**とは、会計の前提となる仮定や会計の目的を最初に規定し、これらの仮定や目的と最もうまく首尾一貫するように具体的な会計処理のルールを導き出してくる方法をいいます。前述の会計公準から会計基準を導こうとする考え方はこのアプローチといえます。

また、会計の諸概念を規定した**フレームワーク**をまず設定し、これと首尾一貫する具体的な会計基準の再構築を目指す動きがあります。本節5で記述する国際会計(財務報告)基準はこのようなアプローチを採用しています。

(4) 測定の基準

資産の評価を行うにあたって、いつの価格で評価するのか、どの市場での価格で評価するのかについては、さまざまな方法があります。代表的な評価基準は図表2-31のとおりです。

◆**図表2-31 資産の評価方法**◆

市場＼時点	過去	現在
購入市場	取得原価	再調達価額
販売市場	―	正味売却価額

そのほか，会社がその資産を利用して生産した財貨やサービスを売却する将来時点での販売市場の価格を考えて将来の現金流入額を予想し，利子率で割引計算した割引現在価値も評価基準の1つです。

このうち，わが国では，**取得原価主義**が伝統的に採用されてきました。取得原価主義は，以下のようなメリットがあります。

- 企業の調達した資金の使途や流れを追跡するのに適した方法
- 客観的な測定が可能
- 検証可能

ただし，資産保有中の価格変化が資産の売却時点まで認識されないため，貸借対照表上の資産額が時価から著しくかい離してしまう可能性があります。わが国においては，取得原価基準を原則としながら，金融資産については時価基準を採用しています。

代表的な金融資産として，時価の変動により利益を得ることを目的として保有する有価証券は，以下の理由から，時価で評価することが適切と考えられます。

- 誰にとっても市場価格に等しいだけの価値を有している
- 事業の遂行に影響することなく市場価格での容易な売却が可能
- 市場での売却以外に，投資の目的を達成する方法もない

5. 国際会計（財務報告）基準

経済のグローバル化に伴い，会計基準についても，国際的な統一化が積極的に推進されつつあります。会計基準が国ごとに異なると，投資家の判断も困難であり，結果的に会社の資金調達にも妨げとなってしまいます。

会計基準の国際的統一化の試みは，1973年に設立された国際会計基準委員会（International Accounting Standards Committee：IASC）で始まりました。この組織は，2001年に国際会計基準審議会（International Accounting Standards Board：IASB）へと継承され，国際財務報告基準（International

Financial Reporting Standards：IFRS）という名称の会計基準の制定作業が継続されています。

　わが国の会計基準が設定される場合は，この国際的な会計基準との整合性が重視されます。いずれの基準に基づく財務諸表を利用しても同一の意思決定結果に達するレベルにまで類似化することを，会計基準の国際的**コンバージェンス**（convergence）といいます。

　なお，2010年3月期から一定の要件を満たす会社については，IFRSの**任意適用**が認められています。つまり，コンバージェンスを進めている日本の会計基準ではなく，直接，IFRSを適用する会社が出てきたのです。2015年3月時点では，75社がIFRSを採用しているとされています[14]。

---

14) 「IFRS適用レポート」金融庁（2015年4月15日）http://www.fsa.go.jp/news/26/sonota/20150415-1/01.pdf（2015年9月17日確認）。

3 連結財務諸表

厳しい経営環境を乗り越えるためには，1社で事業活動をするのではなく，別会社の経営の支配を通じて事業活動を展開していく方が円滑に進むことがあります。そのために，他の会社を買収して子会社としたり，逆に不要な子会社を売却する組織再編も行われます。このような状況では，親会社1社の財務書類をみるだけではその会社のすべてを知ることはできません。また，多額の負債を負ったグループの中の特定の会社を無関係と装い，投資家の目を欺く粉飾決算の例もみられ，透明性の観点からも正しい会社のグループの状況を表す財務諸表が必要となっています。

本節では，基本的な連結財務諸表の作成原理を学びます。

1. どこまでをグループに含めるか

有価証券報告書における開示内容は，かつては個別企業の財務諸表が中心でしたが，2000年3月期から企業集団の状況を表す**連結財務諸表**が主たる内容となりました。**企業集団**とは，「連結財務諸表提出会社及びその子会社」[15]を指します。

親会社を頂点とするグループに属する各会社は，親会社の別働隊のような密接不可分な会社もあれば，他人の資本も入っている会社もあり多様です。会社のグループの成績を表す連結財務諸表を作成する上では，これらの会社をまず**子会社**と**関連会社**に分けることとしています。

子会社は，上述のように企業集団に含められ，連結の対象とされます。関連会社は，持分法適用の対象となります。これらをあわせて**関係会社**といいます（図表2-32）。

---

[15] 連結財務諸表の用語，様式および作成方法に関する規則（昭和五十一年十月三十日大蔵省令第二十八号）第4条第1項第1号。

◆図表2-32　企業集団（イメージ）◆

（──▶ 連結　-----▶ 持分法）

＊親会社がその他の会社の関連会社である場合，当該会社も関係会社に含めます。

(1) 子会社の判定─支配力基準

　子会社を判定する基準としては，従来は，**持株比率**を基準としていました。つまり，発行済株式総数の50％超を保有している会社を子会社とする考え方です。しかし，その後，支配力基準に変更されました。**支配力基準**とは，実質的に財務，営業，事業の方針を支配しているかどうかで子会社かどうかを

◆図表2-33　連結の範囲◆

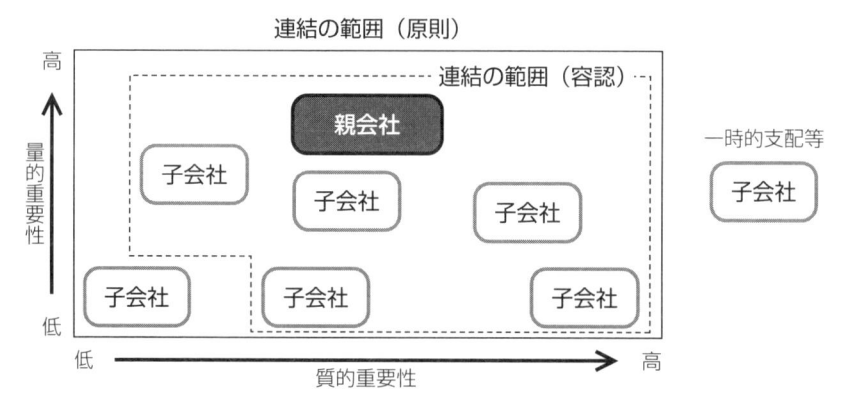

判断する考え方[16]です。

ただし,議決権の過半数をもっていたとしても,短期間に株式を売却する予定であるなど支配が一時的な場合や,連結の範囲に含めることにより連結財務諸表提出会社の利害関係人の判断を著しく誤らせるおそれがある場合は,連結の範囲には含めてはなりません。また,重要性が低い子会社の場合は範囲に含めなくてもよいとされています(図表2-33)。

2. 連結の手続

(1) 連結仕訳

子会社と判断された場合は,連結対象となります。連結の手続は,親会社の財務諸表に,子会社の財務諸表を合算し,重複等を相殺・消去する連結仕訳を行います。

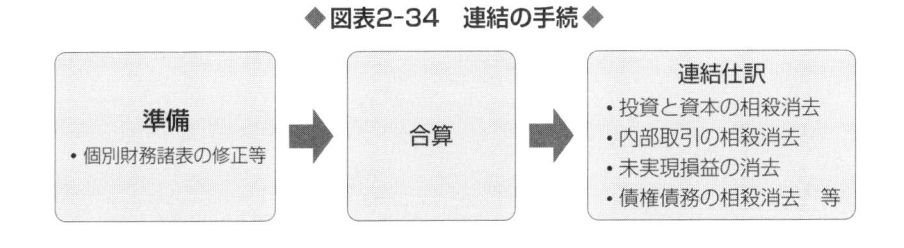

◆図表2-34　連結の手続◆

準備
・個別財務諸表の修正等
→ 合算 →
連結仕訳
・投資と資本の相殺消去
・内部取引の相殺消去
・未実現損益の消去
・債権債務の相殺消去　等

連結仕訳の例を1つあげておきます(図表2-35)。「投資と資本の相殺消去」は,親会社の子会社への出資が内部取引にあたるため,親会社の貸借対照表に計上されている子会社株式と,子会社の資本勘定を相殺消去するものです。

---

[16] 自己の所有する議決権が過半数を占める必要はなく,緊密な関係者の議決権とあわせて過半数を占めることが要件とされています。

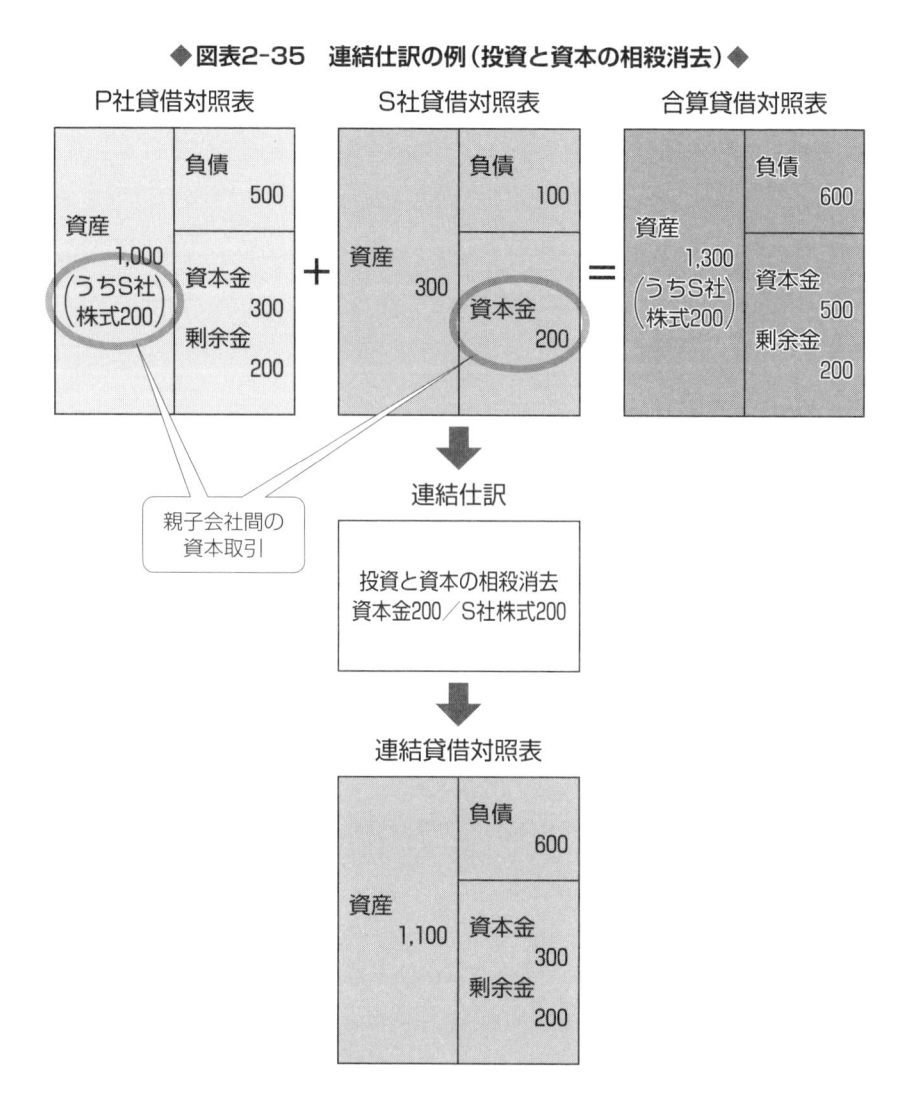

◆図表2-35　連結仕訳の例（投資と資本の相殺消去）◆

P社貸借対照表
- 資産 1,000（うちS社株式200）
- 負債 500
- 資本金 300
- 剰余金 200

＋

S社貸借対照表
- 資産 300
- 負債 100
- 資本金 200

＝

合算貸借対照表
- 資産 1,300（うちS社株式200）
- 負債 600
- 資本金 500
- 剰余金 200

親子会社間の資本取引

連結仕訳

投資と資本の相殺消去
資本金200／S社株式200

連結貸借対照表
- 資産 1,100
- 負債 600
- 資本金 300
- 剰余金 200

(2) 少数株主の持分

　親会社が支配している子会社は連結対象となりますが，親会社が100％支配しているとは限りません。他の株主も出資しているケースは多くあります。子会社の資本のうち親会社に帰属しない部分，つまり少数株主の持分は，**非**

支配（支配をしていない）**株主持分**として表すこととされています。

連結貸借対照表上，非支配株主持分は，純資産の部に計上します（図表2-36）。

◆**図表2-36　連結貸借対照表上での表示**◆

```
Ⅰ．株主資本
   資本金
   資本剰余金
   利益剰余金
Ⅱ．その他の包括利益累計額
   その他有価証券評価差額金
     ・・・・・・
Ⅲ．非支配株主持分
     純資産合計
```

3. 持分法の手続

一方，子会社ではない会社でも，財務および営業または事業の方針の決定に対する影響を及ぼすことのできる会社があります。通常，持株比率が20％以上50％以下を保有している会社を指しますが，実質的に親会社のもつ影響力を基準に判断します。このような会社は**関連会社**と呼ばれ，連結ではなく，持分法という手法により，その会社があげた成果を連結財務諸表に反映させます。**持分法**とは関連会社の損益に所有割合を乗じて持分法投資損益を計算し，親会社のもつ投資勘定を変動させる手法です（図表2-37）。

第2章　会社の成績を知る

◆図表2-37　持分法の適用（イメージ）◆

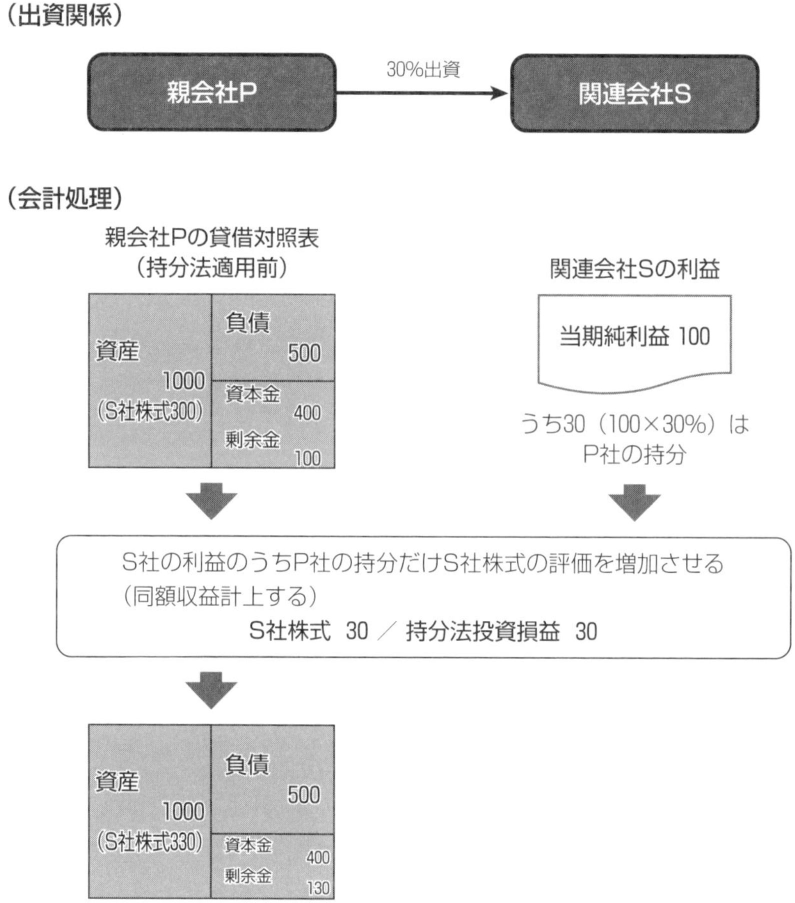

（出資関係）

親会社P ──30%出資──▶ 関連会社S

（会計処理）

親会社Pの貸借対照表
（持分法適用前）

資産 1000 (S社株式300)	負債 500
	資本金 400
	剰余金 100

関連会社Sの利益

当期純利益 100

うち30（100×30%）は
P社の持分

S社の利益のうちP社の持分だけS社株式の評価を増加させる
（同額収益計上する）
　　S社株式　30　／　持分法投資損益　30

資産 1000 (S社株式330)	負債 500
	資本金 400
	剰余金 130

4. セグメント情報

セグメント情報とは，企業ごとに類似の事業や所在地域にグルーピングして，グループごとの営業損益や投資状況を開示する情報のことをいいます。これをみると企業戦略の強み，弱みが把握できます。

セグメントの分け方については，マネジメント・アプローチが採用されて

います。**マネジメント・アプローチ**とは、事業セグメントの決定において、経営上の意思決定を行い、業績を評価するために経営者が会社を事業の構成単位に分別した方法を基礎とする方法のことをいいます。

三菱UFJフィナンシャル・グループ㈱のセグメント情報は、図表2-38のようになっています。当グループは、「異なる業界・規制環境下にある図表中の主要エンティティー（連結ベース）」、すなわち、法人（傘下の関係会社連結したもの）を報告セグメントとしていると記載されています。

具体的には、①㈱三菱東京UFJ銀行（銀行業務）、②三菱UFJ信託銀行㈱（銀行業務・信託業務）、③三菱UFJ証券ホールディングス㈱（証券業務）、④コンシューマーファイナンス子会社（三菱UFJニコス㈱およびアコム㈱含

◆**図表2-38　三菱UFJフィナンシャル・グループ㈱のセグメント情報**◆

当連結会計年度（自 平成26年4月1日　至 平成27年3月31日）　　　　　　　　　　　（単位：百万円）

	(株)三菱東京UFJ銀行	三菱UFJ信託銀行(株)	三菱UFJ証券ホールディングス(株)	コンシューマーファイナンス子会社	その他	計	調整額	連結財務諸表計上額
経常収益	4,028,944	650,326	516,057	487,767	684,305	6,367,401	△728,999	5,638,402
うち資金運用収益	2,384,928	225,642	31,616	194,829	647,412	3,484,430	△678,191	2,806,238
うち持分法投資利益	24,691	11,583	15,197	303	―	51,777	107,859	159,637
外部顧客に対する経常収益	3,951,105	631,418	479,252	469,642	106,983	5,638,402	―	5,638,402
セグメント間の内部経常収益等	77,839	18,907	36,804	18,125	577,321	728,999	△728,999	―
セグメント利益	731,622	159,773	50,995	27,511	626,295	1,596,198	△562,439	1,033,759
セグメント資産	219,313,264	38,309,785	29,992,593	4,163,265	12,095,009	303,873,917	△17,724,149	286,149,768
その他の項目								
減価償却費	224,836	31,263	15,080	23,713	1,788	296,683	3,480	300,163
のれんの償却額	16,920	1,049	959	984	―	19,913	△2,125	17,787
資金調達費用	512,186	62,976	44,006	23,032	28,352	670,554	△45,811	624,743
特別利益	4,091	9,848	4	716	0	14,661	△6	14,655
特別損失	72,391	8,995	2,624	597	133	84,743	28,156	112,899
うち固定資産の減損損失	4,249	5,466	1,771	―	―	11,487	―	11,487
税金費用	347,236	69,840	37,748	3,819	△1,325	457,319	10,467	467,786
のれんの未償却残高	293,225	18,859	17,024	7,443	―	336,553	△27,433	309,119
持分法適用会社への投資額	282,391	124,580	250,221	4,828	823,689	1,485,710	936,025	2,421,736
有形固定資産及び無形固定資産の増加額	287,385	40,946	25,219	33,547	5,546	392,645	―	392,645

出所：三菱UFJフィナンシャル・グループ㈱有価証券報告書（2015年3月期）第5　経理の状況「セグメント情報」から抜粋（脚注略）。

む)(クレジットカード業務・貸金業務)とされています。

5. 連結会社の管理

　連結財務諸表を適時に作成するためには，親会社による関係会社の管理を従来以上に充実させていかなければなりません。そのためには，関係会社管理規定等により親会社への報告ルール等を明確にしておく必要があります。

　第3章**2**で紹介するグループ経営を強化していくためにも，四半期および年度の決算資料のみならず，月次決算資料も報告させ，連結月次決算を行っていく必要があります。連結ベースでの事業別，製品別，地域別等の損益計画と実際の月次の数値とが適時に比較されなければ連結業績の管理が十分にできないこととなります。計画と実績の比較分析を行って，問題があればすぐに対応策をとり，今後の予測を立てるといった連結ベースでのマネジメント・サイクルの構築が必要となっています。

6. 連単倍率による財務分析

　連単倍率とは，「親会社の単独決算(単体財務諸表の数値)」と「子会社や関連会社を含めたグループ全体の連結決算(連結財務諸表の数値)」との比率(割合)を表したものをいいます。これをみることで，会社のグループにおける子会社や関連会社などの影響(どれだけ親会社の収益などに貢献しているか)を推察することができます。主な連単倍率は，図表2-39に掲げたように，利益や売上高で用います。

　一般に連単倍率が大きいほどグループ力が強く(グループ内における子会社や関連会社の比重が高く)，一方でその倍率が低いほどグループ内における親会社の比重が高いことになります。また，その倍率が時系列で高くなっている場合には，連結グループとしての運営が順調にいっているということができます。

◆図表2-39　主な連単倍率◆

- 純利益の連単倍率 ＝ $\dfrac{連結当期純利益}{親会社当期純利益}$

- 売上高の連単倍率 ＝ $\dfrac{連結売上高}{親会社売上高}$

7. 連結納税制度

　連結会計制度と類似する制度として連結納税制度[17]があります。**連結納税制度**とは，内国法人（親法人）とその内国法人による完全支配関係がある他の内国法人（子法人）のすべてを一のグループとして，その内国法人がそのグループの所得（連結所得）の金額等を１つの申告書（連結確定申告書）に記載して法人税の申告・納税を行う制度です。

　なお，この制度の適用は任意であり，適用するにあたっては，国税庁長官の承認を受ける必要があります。

　連結会計制度と似ていますが，連結財務諸表をもとに税額計算を行うのではないことに注意が必要です。連結会計制度と大きく異なる点は，完全支配関係が条件であることです。

　完全支配関係とは，一方の法人（親法人）が他方の法人（子法人）の発行済株式または出資の全部を直接または間接に保有する関係をいいます。つまり，自己株式を除き，発行済株式数の100％を直接または間接に保有している関係でなければ合算できません。

---

[17]　国税庁ホームページ「連結納税制度Ｑ＆Ａ」参照（http://www.nta.go.jp/shiraberu/zeiho-kaishaku/joho-zeikaishaku/hojin/1282/）。

4 会社の経営分析

　経営分析とは，財務諸表を主とした会社に関する諸資料を用いて会社の経営の過去および現状を分析し，利害関係者による将来のかかわり方についての意思決定に役立てるための手法をいいます。経営分析は，有価証券報告書や決算短信の中でも行われています。

　本節では，主な経営分析手法を解説していきます。

1. 決算短信における分析指標

　財務諸表をはじめとする公表資料から企業の状況が読み取れます。ここでは，決算短信を例にとってみましょう。本章1で説明したように，**決算短信**とは証券取引所の規定で年度および四半期決算後早期に決算発表を行うことが求められていますが，決算発表の際に開示することが求められている書類のことです。有価証券報告書と記載内容が似ていますが，有価証券報告書よ

◆図表2-40　楽天㈱の決算短信（2014年12月期）抜粋◆

りも記載内容が簡潔で，今後の業績予想に関する情報や分析情報も記載されています。

図表2-40は，楽天㈱の2014年12月期決算短信（抜粋）です。自己資本当期純利益率，総資産経常利益率，売上高営業利益率，自己資本比率の指標値が記載されています。

2．経営分析の視点

最近，会社の成長をみる指標として，いくら収益が増加したか（増収率等）だけでなく，収益性の指標である自己資本利益率（ROE）や総資産利益率（ROA）も重視されてきています。特に，ROEは成長著しい会社において高いとされています（⇒5．収益性分析）。会社がM＆A（⇒第3章**2**）や自社開発によって投入した新製品・サービスの規模が順調に拡大したり，あるいは合理化や在庫管理の工夫をすることによって，会社の主たる事業をライフサイクルにおけるより若い段階によみがえらせることができれば，成長性を示す指標が高くなるといえます。

図表2-41は，経営分析の主な視点を整理したものです。

◆図表2-41　主な経営分析の視点◆

安全性分析	企業の財務リスク，すなわち債務支払能力が十分であるかどうかの分析
活動性分析	資本の回転率，すなわち資本（資産）の使用効率を測定する分析
収益性分析	会社の利益創出能力を測定する分析
生産性分析	会社が資本や労働等の生産要素を用いて生産物をいかに効率的に生産したかを分析
成長性分析	会社の経営の過去の拡大発展の状況を分析し，その趨勢から将来の拡大発展の可能性を分析するもの
市場評価分析	市場による会社の評価の分析

3. 安全性分析

安全性分析は，企業の財務リスク，すなわち債務支払能力が十分であるかどうかを分析するもので，**流動性分析**と**長期支払能力分析**があります。

(1) 流動性分析

流動性分析の主な指標は，図表2-42のとおりです。

◆図表2-42　流動性分析の主な指標例◆

名称	意義	計算式
流動比率	流動負債に対して流動資産がどれだけ用意されているかをみる比率	$\frac{流動資産}{流動負債} \times 100(\%)$
当座比率	当座資産＊が流動負債に対してどれだけあるかを算出する比率 ＊現金預金，売上債権，有価証券（流動資産）	$\frac{当座資産}{流動負債} \times 100(\%)$
有利子負債依存度	使用総資本中の有利子負債の割合	$\frac{借入金＋社債＋割引手形}{総資産＋割引手形} \times 100(\%)$
営業キャッシュ・フロー対流動負債比率	流動負債が営業キャッシュ・フローによってどれだけカバーされているかを示す比率	$\frac{営業キャッシュ・フロー}{流動負債} \times 100(\%)$

(2) 長期支払能力分析

長期的な安全性をみる際の指標の代表的なものは自己資本比率で，決算短信にも記載されます。これは，総資本（自己資本＋他人資本）に占める自己資本の比率として計算され，会社の長期的な安全性を測る指標です。

自己資本とは，総資本のうち，出資者から調達した部分のことをいい，それ以外の部分を他人資本といいます。自己資本は，純資産の部（資産と負債の差額）に新株予約権と少数（非支配）株主持分が含まれている場合はこれらを差し引いて算出します。自己資本のことを株主資本とも呼びます（図表2-43）。

◆図表2-43　自己資本◆

(資産の部)	(負債の部)
流動資産	流動負債
現金及び預金	固定負債
・・・・	
固定資産	(純資産の部)
有形固定資産	株主資本 ⎫
無形固定資産	資本金　⎬ 自己(株主)資本
投資その他の資産	資本剰余金
繰延資産	利益剰余金 ⎭
	評価・換算差額等
	新株予約権

　内容は、株主の払込金である資本金および資本準備金と、過年度からの利益の蓄積である利益準備金およびその他剰余金で構成されており、このことからも、株主資本は「株主のもの」であるといえます。また、借入金や買掛金などのように返済・支払を要しない資金であることから「株主資本比率」といった財務構成面からみた安全性指標に利用されます。

　その他、貸借対照表を使った指標は図表2-44のようにあります。

◆図表2-44　長期支払能力を分析する主な指標例◆

名称	意義	計算式
自己資本比率	総資本のうちどれだけが自己資本から調達されているかを測定する	$\dfrac{\text{自己資本}}{\text{総資本}} \times 100(\%)$
負債比率	自己資本は負債を担保すべきものと考え、負債が自己資本でどの程度カバーされているか、すなわち借入資本の安全性をみる比率	$\dfrac{\text{負債}}{\text{自己資本}} \times 100(\%)$
固定比率	長期の資金運用(固定資産)と長期の資金源泉(自己資本)とのバランスをみる比率	$\dfrac{\text{固定資産}}{\text{自己資本}} \times 100(\%)$
固定長期適合率	固定比率の自己資本に返済期限の長い固定負債を加えた長期資本と固定資産を対比するもの	$\dfrac{\text{固定資産}}{\text{自己資本}+\text{固定負債}} \times 100(\%)$

(注)自己(株主)資本に、評価・換算差額等も含める場合もあります。

4. 活動性分析

活動性分析とは，資本の回転率，すなわち資本（資産）の使用効率を測定する分析で，これには全体資本の活動性と個別資本の活動性があります。

(1) 全体資本の活動性分析

会社全体の資本を使用する効率性を示すのが，全体資本の活動性分析です。主な指標は図表2-45で示しています。

◆図表2-45　全体資本の活動性分析の指標例◆

名称	意義	計算式
総資産回転率	使用資本全体つまり総資産の運用効率	売上高／総資本
経営資本*回転率	経営資本の運用効率	売上高／経営資本

＊経営資本とは，総資産から生産，販売活動に使用していない資産（建設中の資産，投資その他の資産等）を除いた資産

(2) 個別資本の活動性分析

会社の営業活動に使用される資産や負債を用いて，個別資本の活動性を分析することも行われます。主な指標は，図表2-46のとおりです。

◆図表2-46　個別資本の活動性分析の指標例◆

名称	意義	計算式
有形固定資産回転率	有形固定資産の運用効率	売上高／有形固定資産
売上債権回転率	企業が資金を効率よく活用しているか（売上債権）	売上高／売上債権
棚卸資産回転率	同（棚卸資産）	売上原価／棚卸資産
仕入債務回転率	同（仕入債務）	売上原価／仕入債務

売上債権や棚卸資産等については、回転率の逆数をとって**回転期間**で表すことがあります。例えば、売上債権については、図表2-47のように回転期間を計算します。

この場合は、回転期間は月数で表しています。したがって、「売上債権は売上高の何か月分ある」という表現をします。

◆**図表2-47　売上債権の回転期間**◆

$$売上債権の回転期間 = \frac{売上債権}{売上高 \div 12} (月)$$

5. 収益性分析

収益性分析とは、会社の利益創出能力を測定する分析です。会社の収益性を分析する場合は、売上高利益率がよく用いられます。これは、売上の何パーセントが利益として残ったか、つまり利幅（マージン率）を表す収益指標です。分子に来る利益には、売上総利益、営業利益、経常利益、当期純利益が考えられます。わが国では、経常利益が用いられることが多いです。

一方、資本に着目した総資産利益率（Return on Asset：ROA）や自己資本利益率（Return on Equity：ROE）といった資本利益率の指標は資本効率を評価するものです。つまり、資本を活用して効率的に利益を上げているかを分析する指標です。

これらの指標は、同業他社と比較してコスト競争力を判断したり、同一企業の指標値の変化を時系列的に評価するといった分析に使用できます。

(1) 売上高利益率

売上高利益率は、$\frac{利益}{売上高}$と計算されますが、分子に来る利益の種類（図表2-48）によって、図表2-49のような指標があります。

いずれも損益計算書の数値から計算します。

◆図表2-48　売上高利益率の計算◆

営業損益計算	Ⅰ．売上高 Ⅱ．売上原価 　　　　売上総利益 Ⅲ．販売費及び一般管理費 　　　　営業利益
経常損益計算	Ⅳ．営業外収益 Ⅴ．営業外費用 　　　　経常利益
純損益計算	Ⅵ．特別利益 Ⅶ．特別損失 　　　　税引前当期純利益 Ⅷ．法人税・住民税及び事業税 　　　　当期純利益

売上高と売上総利益・営業利益・経常利益を対比

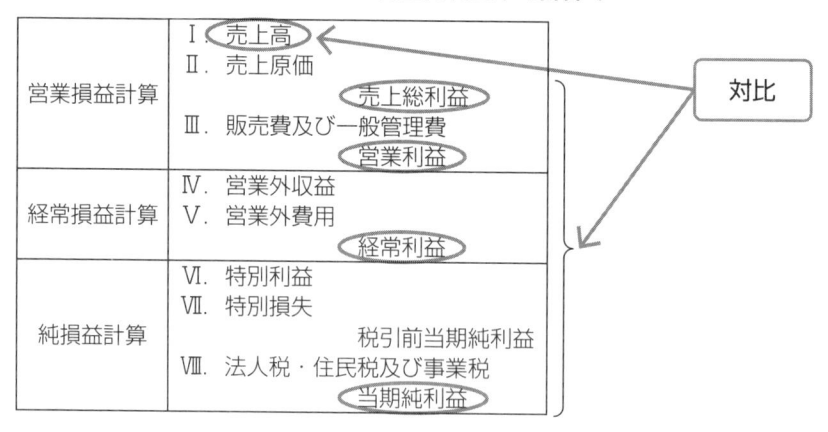

◆図表2-49　売上高利益率の指標例◆

名称	意義	計算式
売上高総利益率	売上高に対する粗利（売上総利益）の割合	$\dfrac{売上総利益}{売上高} \times 100(\%)$
売上高営業利益率	売上高に対する本業による利益（営業利益）の割合	$\dfrac{営業利益}{売上高} \times 100(\%)$
売上高経常利益率	売上高に対する経常的な利益（経常利益）の割合	$\dfrac{経常利益}{売上高} \times 100(\%)$
売上高当期純利益率	売上高に対する最終利益（当期純利益）の割合	$\dfrac{当期純利益}{売上高} \times 100(\%)$

(2) 資本利益率

投資効率をみる資本利益率をみる代表的指標には，図表2-50，2-51で示したように，自己資本当期純利益率があります。この比率は，ROEとも呼ばれ，当期純利益を，株主資本で除したものです。株主資本を「元手」として，1年間でどれだけの利益を上げたかをみる企業の経営効率を測定する指標の1

つです。貸借対照表と損益計算書の両方の数値を使用して計算します。

自己資本当期純利益率を含め，資本利益率には図表2-51のような種類があります。

◆ 図表2-50　資本利益率の計算 ◆

《貸借対照表》

(資産の部)	(負債の部)
流動資産 　現金及び預金 　…… 固定資産 　有形固定資産 　無形固定資産 　投資その他の資産 繰延資産	流動負債 固定負債 (純資産の部) 株主資本 　資本金 　資本剰余金 　利益剰余金 評価・換算差額等 新株予約権

自己資本利益率

《損益計算書》

営業損益計算	Ⅰ．売上高 Ⅱ．売上原価 　　　　　　　売上総利益 Ⅲ．販売費及び一般管理費 　　　　　　　営業利益
経常損益計算	Ⅳ．営業外収益 Ⅴ．営業外費用 　　　　　　　経常利益
純損益計算	Ⅵ．特別利益 Ⅶ．特別損失 　　　　　　　税引前当期純利益 Ⅷ．法人税・住民税及び事業税 　　　　　　　当期純利益

◆ 図表2-51　資本利益率の指標例 ◆

名称	意義	計算式
自己資本利益率	投下した自己資本に対してどの程度の利益が生み出されているか	$\dfrac{\text{当期利益 (or 経常利益)}}{\text{自己資本}^{*}} \times 100(\%)$
総資産利益率	投下した総資産に対してどの程度の利益が生み出されているか	$\dfrac{\text{経常利益 (or 営業利益, 当期純利益)}}{\text{総資産}} \times 100(\%)$
経営資本利益率	投下した経営資本に対してどの程度の利益が生み出されているか	$\dfrac{\text{経常利益 (or 営業利益, 当期純利益)}}{\text{経営資本}^{**}} \times 100(\%)$

*自己資本＝（純資産の部合計－新株予約権－非支配株主持分）として，評価・換算差額等を含める場合もあります。また，分母の自己資本は前期末と当期末の平均を用いることもあります。
**経営資本とは，総資産から生産，販売活動に使用していない資産を除いた資産
　経営資本＝（総資本（産）－投資その他の資産等－建設仮勘定）

6. 生産性分析

生産性分析とは，会社が資本や労働等の生産要素を用いて生産物をいかに効率的に生産したかを分析するものです。生産性分析に用いられる主な指標は図表2-52のとおりです。

生産性分析の多くの指標で用いられる**付加価値**とは，会社が生産活動によって新たに生み出した価値のことをいいます。付加価値の代表的な計算方法には，図表2-53の2つがあります。

◆図表2-52　生産性分析の主な指標例◆

名称	意義	計算式
売上高付加価値率	付加価値と売上高との割合	$\dfrac{付加価値}{売上高}\times 100(\%)$
設備生産性	設備に対する付加価値の割合	$\dfrac{付加価値}{有形固定資産}$
労働生産性	従業員1人当たりの付加価値	$\dfrac{付加価値}{従業員数}$
従業員1人当たり売上高	従業員1人当たりの売上高	$\dfrac{売上高}{従業員数}$
従業員1人当たり人件費	従業員1人当たりの人件費	$\dfrac{人件費}{従業員数}$
資本集約度	従業員1人当たりの総資本	$\dfrac{総資本}{従業員数}$
労働装備率	従業員1人当たりの有形固定資産	$\dfrac{有形固定資産}{従業員数}$
労働分配率	付加価値のうち人件費に回されている比率	$\dfrac{人件費}{付加価値}\times 100(\%)$

◆図表2-53　付加価値の計算方式◆

① 控除法
　付加価値＝売上高－外部購入価値（材料費，購入部品費，運送費，外注加工費等）
② 積上法
　付加価値＝経常利益＋人件費＋賃借料＋減価償却費＋金融費用＋租税公課

7. その他の分析

その他の分析として、ここでは、成長性分析と市場評価分析を紹介します。

成長性分析とは、会社の経営の過去の拡大発展の状況を分析し、その趨勢から将来の拡大発展の可能性を分析するものです。

市場評価分析とは、市場による会社の評価の分析をいいます。

(1) 成長性分析

成長性分析の主な指標は図表2-54で示すとおりです。

◆図表2-54　成長性分析の指標例◆

名称	意義	計算式
売上高増加率（増収率）	売上高の対前期増加率	$\dfrac{売上高（当期）-売上高（前期）}{売上高（前期）} \times 100 (\%)$
売上高研究費比率	売上高に占める研究費の割合	$\dfrac{研究開発費}{売上高} \times 100 (\%)$

(2) 市場評価分析

1株当たり純資産や純利益といった指標は、発行済株式1株当たりいくらの投資価値があるかやどれだけの利益を生み出す力があるかを測定する指標として利用されています。決算短信でもそのような数値が記載されます。これらを含む市場評価分析に用いられる主な指標は図表2-55のとおりです。

◆図表2-55 市場評価分析の主な指標◆

名称	意義	計算式
1株当たり純利益	1株当たりの当期純利益	$\dfrac{当期純利益}{株式数}$
1株当たり純資産	1株当たりの純資産額	$\dfrac{純資産}{株式数}$
株価収益率（PER）	株価が1株当たり利益と比べてどのくらいの水準かを示す	$\dfrac{株価}{1株当たり利益}$（倍）
株価純資産倍率	純資産に対して株価がどのくらいの水準かを示す	$\dfrac{株価}{1株当たり純資産}$（倍）
配当性向	当期純利益のうちどれだけを配当に回しているか	$\dfrac{配当総額}{当期純利益} \times 100$（％）
配当利回り	株主がどの程度配当を還元されるか	$\dfrac{1株当たり配当額}{株価} \times 100$（％）
内部留保率	利益を配当に回さず内部留保する割合	$\dfrac{当期純利益－配当総額}{当期純利益} \times 100$（％）

（注）1株当たり純利益では期中平均株式数を，1株当たり純資産では期末の普通株式の発行済株式数から普通株式の自己株式数を除いた値を，それぞれ分母に置くことがあります。

第3章

会社の戦略を知る

1 会社の計画

　会社は，設立の目的を定款に記載しています。定款で明記された目的を達成するために事業活動を展開していくことになりますが，その目的を効果的に果たし会社が継続的に成長していくためには，将来を見据えた経営計画が必要です。以前は10年程度の長期経営計画をもつ会社もありましたが，企業環境の変化が激しい今日，3～5年の中期経営計画を立てる会社が多いようです。

　本節では，会社はどのように計画を策定していくのか，それによってどのようにPDCAサイクルを構築していくのかについてみていきます。

1．経営理念と経営計画

(1) 経営理念

　具体的な経営計画の前提となるのは，**経営理念**あるいは**社是**と呼ばれるものです。経営理念等を公表し，社内で周知徹底することにより，会社が進む

◆図表3-1　パナソニック・グループの経営理念◆

経営理念

私たちの使命は，生産・販売活動を通じて社会生活の改善と向上を図り，世界文化の進展に寄与すること――。綱領は，パナソニックグループの事業の目的とその存在の理由を簡潔に示したものであり，あらゆる経営活動の根幹をなす「経営理念」です。

昭和4年，創業者の松下幸之助が制定して以来，現在に至るまで，私たちは常にこの考え方を基本に事業を進めてきました。また，海外事業展開にあたっても，その国の発展のお役に立ち，喜んでいただけることを第一義としてまいりました。

社会，経済，産業…あらゆる面で大きな転換期にある今日，"社会の発展のお役に立つ"企業であり続けるために，パナソニックグループは今後も経営理念に立脚し，新しい未来を切り拓いてまいります。

出所：パナソニック㈱「会社情報　経営理念」(http://www.panasonic.com/jp/corporate/management/philosophy.html) 2015年9月23日確認。

べき方向性を社内外に明確に示すことができ，経営者と従業員とが一体となって会社の目的に向かって進んでいくことができるわけです。

図表3-1は，パナソニック・グループの経営理念です。創業者松下幸之助氏が制定して以来，グループに継承されてきています。

経営理念は，会社の**ミッション（使命）**，**ビジョン（あるべき姿）**，**バリュー（価値観）**の3つの組み合わせで示されることもあります。

三井物産㈱では，経営理念をこの3つの組み合わせで示しています。三井物産の経営理念は，図表3-2のとおりです。

◆**図表3-2　三井物産㈱の経営理念**◆

Mission　―三井物産の企業使命―
大切な地球と，そこに住む人びとの夢溢れる未来作りに貢献します。

Vision　―三井物産の目指す姿―
世界中のお客様のニーズに応える「グローバル総合力企業」を目指します。

Values　―三井物産の価値観・行動指針―
- 「Fairであること」，「謙虚であること」を常として，社会の信頼に誠実に，真摯に応えます。
- 志を高く，目線を正しく，世の中の役に立つ仕事を追求します。
- 常に新しい分野に挑戦し，時代のさきがけとなる事業をダイナミックに創造します。
- 「自由闊達」の風土を活かし，会社と個人の能力を最大限に発揮します。
- 自己研鑽と自己実現を通じて，創造力とバランス感覚溢れる人材を育成します。

出所：三井物産㈱「会社情報　経営理念」（http://www.mitsui.com/jp/ja/company/idea/index.html）2015年9月23日確認。

(2) 経営計画

会社は，社会・経済の環境変化を予測し，ミッションやビジョンを達成するために，全社的な中期目標を設定し，その実現のために個々の事業あるいは組織の位置づけと資源配分を決定し，事業別あるいは組織別にそれらの達成手段を明確にする必要があります。これをまとめたものが**経営計画**です。

第3章　会社の戦略を知る

冒頭に述べたように，将来の不確実的な要素が多い中，長期的な経営計画はあまりみられず，3〜5年程度の中期的な経営計画が多いようです。

戦略という言葉も会社の計画との関係においてしばしば用いられます。戦略とはもともと軍事用語で，戦場において自軍が優位に立つための策略のことです。戦略という言葉を使うことにより，より計画性や先見性が感じられます。戦略には，全社戦略，事業戦略等さまざまな階層を指すものがあります。全社戦略は上述の経営計画とほぼ同じものといえます。

2. 予算管理

(1) 予算とは

上記の複数年にわたる全社的な経営計画を実践するにあたっては，通常1年の具体的な事業計画に落とし込みます。この事業計画を金額によって表示し，これを総合編成したものが**予算**です。予算期間は1年であることが多いですが，複数年の場合もあります。いずれにしても，適正かつ効率的な事業運営を推進していく上で予算は重要な役割を担っています。

(2) 予算管理の必要性

第2章**1**で財務会計と管理会計の違いを説明しましたが，一般に予算は管理会計の範疇に入るとされています。会社は事業計画や予算を達成しようとしますが，実際は計画どおりにいくとは限りません。目標としての予算を上回る場合もあれば，下回る場合もあります。目標としての予算に対して，それと実績との対比により，予算と実績との「差異」が判明します。その差異の原因を究明していけば，各部門が抱えている問題点を発見することができ，改善に向けたアクションをとることができます。このように，設定された予算（計画）を達成するように経営を管理（コントロール）していくことを**予算管理**といいます。

(3) 予算管理のメリット

予算管理のメリットとしては，一般に図表3-3の3つがあるとされています。

◆**図表3-3　予算管理のメリット**◆

- 意思決定の迅速化，業務の有効性・効率性
- 動機づけと業績評価
- 事業リスクの低減

1点目の「意思決定の迅速化，業務の有効性・効率性」とは，あらかじめ会社の目標を予算に織り込んで承認を得ておくことにより，その範囲内であれば承認手続に手間取らず，意思決定を迅速化することができるという意味です。また，有効性や効率性を達成するための目標が事前に明確に示されていることから，実際にそれを目指して事業活動を行っていく過程で業務が効果的かつ効率的に行われるという意味ももちます。

2点目の「動機づけと業績評価」は，PDCAに係る人のモチベーションの問題です。多くの場合，実際にそれぞれの業務に精通している者が予算編成に参加します。現場の者が予算編成に加わることで予算の達成に対して意欲的に取り組むことが期待できます。また，予算達成ができれば達成に寄与した人の業績評価にも結び付けることができます。

3点目の「事業リスクの低減」についても，あらかじめ予測されるリスクを織り込んで予算編成を行うことにより，実際に問題が生じた場合にも適切に処理することができるという意味です。

以上3つのメリットから，いくつか予算のもつ特性あるいは機能が浮かび上がってくるように思われます。

1つは，予算のもつ**計画機能**です。これは文字どおり，予測あるいは目標を数値で明確に示すということです。

2つ目は**調整機能**で，予算編成の過程で資源配分等について全社的に摺合

せが行われた結果，予算どおりに行うことにより各部門の調整が自動的に図られるという意味です。

最後は**統制機能**です。これは，予算を目標とすることにより，そこからマイナスの方向に外れることは避けるインセンティブが働きます。それによってあらかじめ予算に織り込まれた有効性や効率性，あるいはリスクの低減につながり，会社が本来歩むべき道から外れないようにコントロールが自動的になされていくという意味です。

第4章❶で説明するように，会社は「内部統制」を構築する必要があります。内部統制の目的は，会社の事業目的を達成する上で重要な有効性・効率性等を達成することですが，予算管理は内部統制の一部として重要な役割を果たすことになります。

3. 予算のプロセス

予算には，予算を作る**予算編成**のプロセスと予算を実行する**予算執行**のプロセスがあります。

(1) 予算編成

予算編成においては，通常，トップから示される**予算編成方針**に基づいて予算単位となる各部門が予算原案を作成することから始まります。現場の予算編成責任単位からボトムアップで予算原案を上げていく理由は，2.(3)で述べたようなインセンティブの問題もありますが，やはりそれぞれの業務に最も精通し現場のことをよく知っている者でなければ適切な予算は編成できないという理由もあります。

本社スタッフ（予算課）と各部門とは摺合せを行いながら，各部門別の予算原案を作成し，それをあわせて総合予算とします。それがトップ・マネジメントによる承認が得られれば，実際の予算となります。

◆図表3-4　予算編成（イメージ）◆

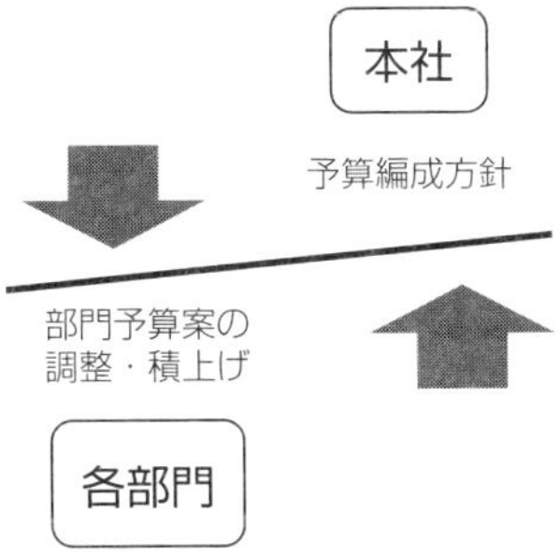

本社

予算編成方針

部門予算案の
調整・積上げ

各部門

(2) 予算執行
①予算差異分析

　実際に予算が運用され，一定期間後，予算と実績とを比較した場合，予算差異が判明します。予算差異については，本章3で示す標準原価計算における差異分析と同じ分析手法が適用可能です。売上予算と実際の売上高との差異を価格差異と数量差異とに分解することにより差異の原因を明らかにし，今後の販売戦略の見直しにつなげることができます。

②予算の修正

　上述のように，テレビ製品の価格が予算編成時より下落するなど，実際の状況が予算編成時の予測と大きく異なってくる可能性があります。このような場合は，予算の修正をすべきでしょうか。予算は，原則として修正すべきではありません。予算差異分析を有効に行うためには，多少の環境の変化があったとしてもそれに応じて予算を変更することは適切ではないからです。ただし，予算を業務の指針として使えないほどまでに経営環境が変動した場合は修正する必要があります。

　政府や非営利法人では，**予算の流用**（費目間・期間間で予算を移し替えること）やあらかじめ**予備費**を設けておいて，不足しそうな項目の予算に充当することが行われます。しかし，会社の場合は，予算の流用や予備費の設定・

利用は，予算差異が明示されなくなるため妥当ではないといえます。

4. 予算管理の問題点と改善策

(1) 予算管理の問題点

予算管理は，これまでみてきたように有用なマネジメント・ツールといえますが，いくつかの問題もあります。

その1つは，会社の規模が大きくなればなるほど予算編成のために労力を使ってしまうという問題点があります。予算編成することに大切な経営資源を投入してしまい，その後のPDCAサイクルに活用することができなければ予算の意味がありません。

また，予算を儀式的に作っただけという場合には，予算には規範としての機能が欠落しているため，マネジメント・ツールとして用いることはできないでしょう。

そのほか，予算の問題点として予算スラックがあります。**予算スラック**とは，予算の数値に含まれている余裕分のことです。つまり，費用は大目に，収益は低めにというように，余裕分を織り込むことにより，部門の管理者は達成が容易な予算編成をしがちです。これを本社スタッフは極力縮減しようとしますが，現場スタッフでないとわかりにくい場合もあります。過度な予算スラックがあると，予算を達成したとしても，本来の会社が達成すべき目標が達成できたとはいえないでしょう。

また，中期的な経営計画と予算が適切に連動していなければ，短期指向に陥りがちという点で問題点が指摘される場合もあります。

(2) 予算管理の改善策

(1)で指摘したような問題点を改善するには，いくつかの方法が提案されています。

まず，予算に過度な経営資源を投入することを防ぐ上で，以下のような方

法があると考えられます。

　①予算資料の削減および調整承認プロセスの短縮化により予算編成期間を1か月程度とする
　②詳細な積み上げは実施せず原価低減額，経費削減額等のみをコミットする
　③詳細勘定科目，小さな組織単位で予算管理は実施しない

また，

　④情報システム（IT）の活用による予算編成の効率化

という方策もあるでしょう。

　予算スラック等有効な予算管理が達成できない場合は，予算の固定化を防ぐための方策が必要だと思われます。

　例えば，操業度に応じて予算を変動させる**変動予算管理**や，既得権を認めない**ゼロベース予算**，1年間の固定化を防ぐため，対象期間を四半期とする**四半期予算**管理も柔軟性を確保する上で有用と思われます。

　多額の経費予算，設備予算についてはゼロベース予算を導入し，一から必要性を精査していく必要があります。また事業部門の成績の評価にあたっては，予算達成度だけでなく過去実績との比較を利用することも，予算スラックから生じる問題を解決する上でも必要と思われます。

2 会社のグループ経営

　現在の企業間の競争は，会社対会社というより，会社グループ対会社グループという形で行われるようになってきました。従来は，親会社がコア事業を担い，子会社には周辺業務を任せ，子会社同士を自由に競争させるといった形態がよくみられましたが，競争に勝ち抜くには戦略的に事業展開していく必要があるため，子会社間の事業の重複等を解消し，グループ全体として最大限強みが発揮できるようグループ経営を強化することが必要となっています。

　本節では，グループ経営の考え方，グループ経営の具体化としての持株会社制度，さらには，グループ形成の手段としてのM&Aの基本知識を学びます。

1. グループ経営の重要性

　冒頭に述べたように，従来は親会社がコアとなる事業を担い，子会社には周辺業務を担わせるといった形態がよくみられました。場合によっては，子会社の事業には重複があっても，子会社間で競争させることによって，会社グループとして利益が出せると考えられていました。

　しかし，会社グループ間の競争が激しくなる中，戦略的に事業展開していくためには，資源の最適配分を徹底していくことが必要となってきます。グループ全体として最大限強みが発揮できるよう，子会社間の事業の重複等を解消し，親子間で適切な役割分担を行い最適な経営成果を生み出そうとする**グループ経営**の強化の必要性が認識されるようになりました。

　司令塔としての親会社はグループ全体からの判断を行い，調整を行っていく必要があります。一般に，親会社の果たすべき機能としては，戦略策定調整機能，資源配分機能，戦略管理機能の3つがあります。

◆ 図表3-5　会社グループ経営の変化（イメージ）◆

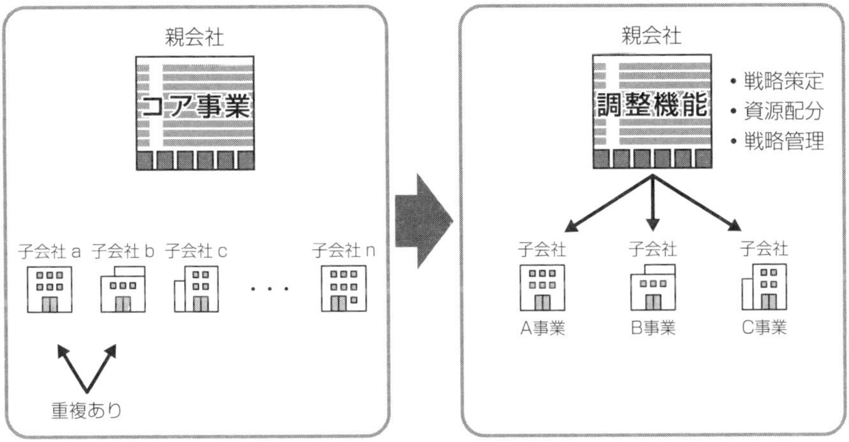

（左図）親会社：コア事業／子会社a　子会社b　子会社c　…　子会社n（重複あり）

（右図）親会社：調整機能　・戦略策定　・資源配分　・戦略管理／子会社A事業　子会社B事業　子会社C事業

2. 持株会社制度

さて，1997年の独占禁止法[1]改正により，わが国においても**純粋持株会社**[2]が解禁となりました。持株会社を利用したグループ経営は，第1章2で述べたような組織の分権化とは異なる意味をもつようです。グループに所属する会社にそれぞれの事業に応じた適切なシステムを採用させることによって，自律的な経営を促進し，積極的にグループ経営を推進する動きと捉える方が適切だと考えられます。

この制度を活用して，グループ経営を戦略的に展開していく企業は多くあります。全日空グループはその1つの例です（図表3-6）。

全日空グループは，2013年4月から持株会社全日空ホールディングスの下でグループ会社を再編することとしました。

再編の目的は，①グループ経営の強化，②各事業会社の自立的経営による

---

[1] 公正かつ自由な競争を促進し，事業者が自主的な判断で自由に活動できるようにすることを目的とする法律。
[2] 主たる事業をもたず株式の所有を通じて他の会社の事業活動を支配することを目的とした会社。

効率的経営の実現とされています。

純粋持株会社の事業は,「傘下子会社及びグループの経営管理」が中心になります。傘下の事業は図表3-7のとおりです[3]。

◆**図表3-6　全日空ホールディングス㈱（持株会社）傘下の体制**◆

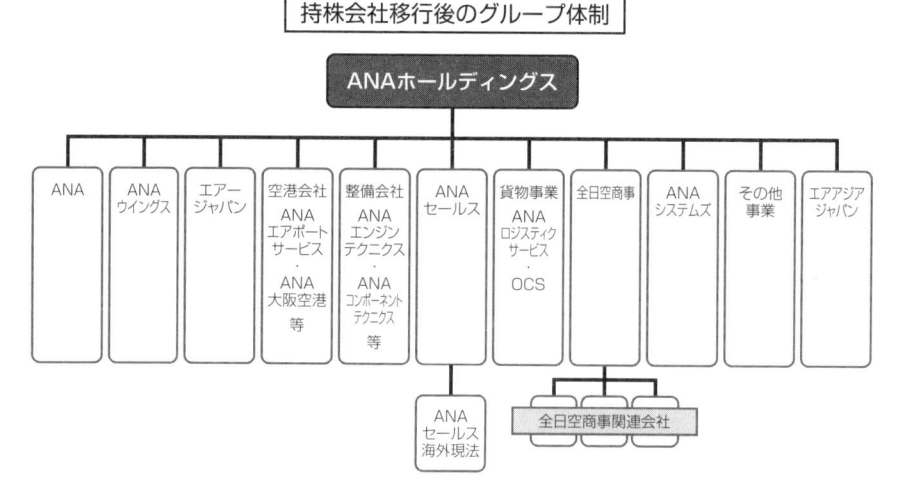

持株会社移行後のグループ体制

```
                        ANAホールディングス
    ┌─────┬─────┬─────┬─────┬─────┬─────┬─────┬─────┬─────┬─────┐
   ANA   ANA   エアー  空港会社 整備会社  ANA   貨物事業 全日空商事 ANA   その他  エアアジア
        ウイングス ジャパン  ANA    ANA   セールス  ANA         システムズ 事業   ジャパン
                      エアポート エンジン        ロジスティク
                      サービス  テクニクス       サービス
                       ANA    ANA           ・
                      大阪空港 コンポーネント     OCS
                        等   テクニクス
                             等
                              │              │
                             ANA          全日空商事関連会社
                            セールス
                            海外現法
```

出所：全日本空輸㈱ホームページ「プレスリリース（2013年2月28日付）」
　　　（http://www.ana.co.jp/pr/13_0103/12-207.html）2015年9月23日確認。

◆**図表3-7　全日空グループの事業ポートフォリオ**◆

・FSC（フルサービスキャリア）事業（ANA国際線航空旅客事業・ANA国内線旅客事業） ・貨物事業 ・LCC事業 ・多角化事業 ・航空関連事業（戦略的投資）

出所：全日空ホールディングス㈱ホームページ「プレスリリース（2014年2月14日付）」「2014-16年度ANAグループ中期経営戦略について～次の時代を切り拓く強いグループへ～」（http://www.anahd.co.jp/pr/201402/20140214.html）2015年9月23日確認。

---

[3] ちなみに，全日空ホールディングス㈱の報告セグメントは，航空運送事業と旅行事業の2つになっています。

3. 間接部門の統合

　グループ経営を進めていくと，グループに属する各会社で共通する業務について各社それぞれ実施するのではなく，グループで集中的に業務を行う会社を発足させる場合もあります。このような業務の典型は間接業務で，総務，人事，経理の事務系統の業務にみられます。間接業務以外でも，金融業務や物流業務を切り離して別会社とする例もあります。

　中国電力㈱グループは，グループ経営を積極的に推進しています。そのユニークな取り組みの1つは管理セグメントの設定であり，もう1つは間接部門の統合です。

　管理セグメントとは，会計のセグメント情報における区分と整合する形でより詳細な5つの事業分野に分けたもので，それぞれの戦略や役割を明確にするとともに数値目標を含む中期経営計画を策定するとしています。また，管理間接業務を集中的に行う新会社を設立し，グループ全体での業務効率化・省力化を推進していることが記載されています（図表3-8）。

第3章 会社の戦略を知る

◆図表3-8 中国電力㈱の管理セグメントとグループ全体の経営効率化◆

●グループ中期経営計画のしくみ

管理セグメント		事業領域（会計の開示セグメント）				
		電気事業	総合エネルギー供給	情報通信	その他	
					（環境調和創生）（電気事業サポートほか）	（ビジネス生活支援）
総合エネルギー	①販売	●	●		●	
	②電源	●	●		●	
	③流通	●			●	
④情報通信				●		
⑤ビジネス生活支援						●

＊事業分野（管理セグメント）
　販売，電源，流通，情報通信，ビジネス・生活支援

●グループ全体の経営効率化

2001年4月	㈱エネルギア・ビジネスサービス （経理，資材，人事労務の管理間接業務事務代行など） グループ会社の資金を一元的に管理して，グループ全体の資金調達コストの削減，資金管理業務の効率化を図るため，キャッシュ・マネジメント・システム（CMS）を導入（2005年2月）
2003年2月	㈱エネルギア・ロジスティックス （グループ内の資機材輸送，新物流システムの構築）

出所：中国電力㈱報道資料「経営面への取組（平成19年4月28日付）」（http://www.energia.co.jp/corp/active/csr/kankyou/pdf/2007/csr-2007-5.pdf）2015年9月23日確認。

4. M&A

「第1章■　株式の話」で，自社株の買収防衛策の話をしました。しかし，会社は他の会社の買収によって会社の株主共同の利益を増大させることも期待できることから，買収が積極的に認められるべきケースもあることを述べました。

　会社が経営上の目的を達成する手段として買収を行うことはよく見かけられるようになりました。これまで関係のなかった会社と資本関係をもつこと

によって，新たにグループを形成するようになるのです。一般にM&A（エムアンドエー）とよくいわれますが，これは，"Mergers（合併）and Acquisitions（買収）"の略です。つまりM&Aの意味は，2つ以上の会社が1つになったり（合併），ある会社が他の会社を買ったりすること（買収）です。

ここでは，M&Aの代表例としての会社の買収，合併，分割の3つを紹介します（図表3-9）。

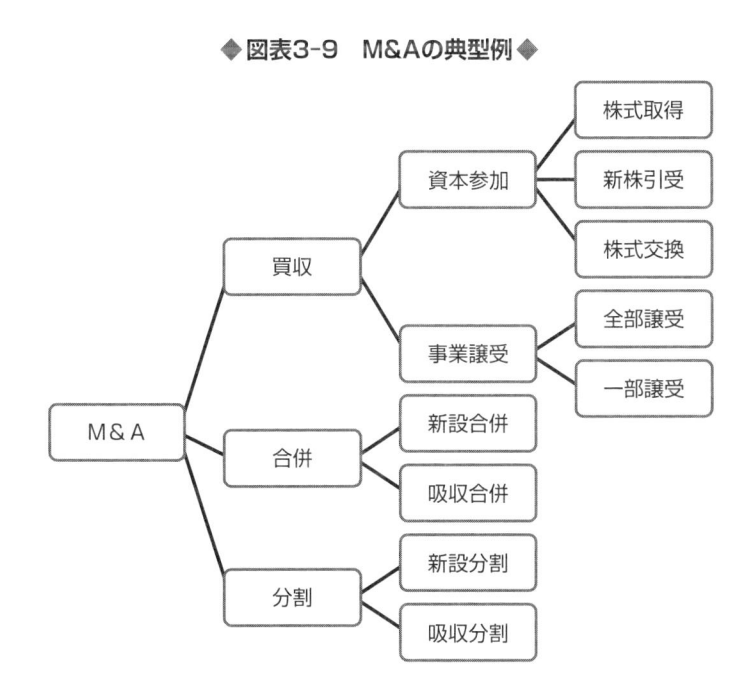

◆図表3-9　M&Aの典型例◆

```
M&A ─┬─ 買収 ─┬─ 資本参加 ─┬─ 株式取得
     │        │            ├─ 新株引受
     │        │            └─ 株式交換
     │        └─ 事業譲受 ─┬─ 全部譲受
     │                     └─ 一部譲受
     ├─ 合併 ─┬─ 新設合併
     │        └─ 吸収合併
     └─ 分割 ─┬─ 新設分割
              └─ 吸収分割
```

(1) 会社の買収

一般に，**会社の買収**と呼ばれるのは，会社が他の会社に資本参加する場合と事業譲受をする場合とがあります。

このうち，資本参加とは，当該他の会社の株主となることです。出資比率が高くなればなるほど，当該他の会社に対する影響力は高まることになりま

す。資本参加するためには，流通している株式を購入するか，新株を引き受けるか，あるいは株式交換という手段を取ります。

株式交換というのは，図表3-10で示すように，P社がS社の株主からS社株式の全部を受け取るのと交換にP社株式を交付する制度で，会社が他の会社を完全子会社[4]化する目的で利用されます。

◆図表3-10 株式交換（イメージ）◆

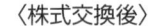

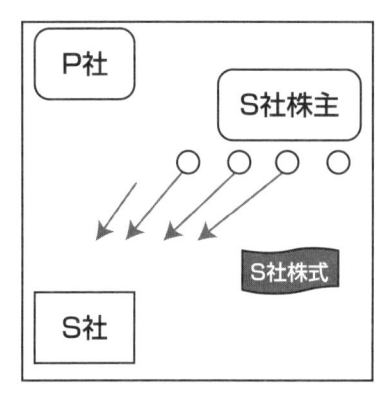

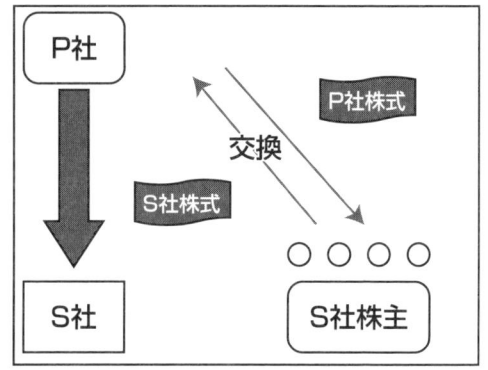

一方，他の会社の事業を譲り受ける**事業譲受**の場合は，会社間の合意として事業譲渡契約を締結することになります。

(2) 合併

合併とは，2つの会社が1つに合体することです。合併には，新設合併と吸収合併とがあります（図表3-11）。**新設合併**は，新たに会社を設立して，合併当事者が新会社に権利義務を包括的に承継させる手法です。**吸収合併**とは，被合併会社が存続会社に権利義務を包括的に承継させる手法です。

---

4) 議決権の100％支配を受ける子会社。

◆図表3-11　新設合併と吸収合併（イメージ）◆

〈新設合併〉

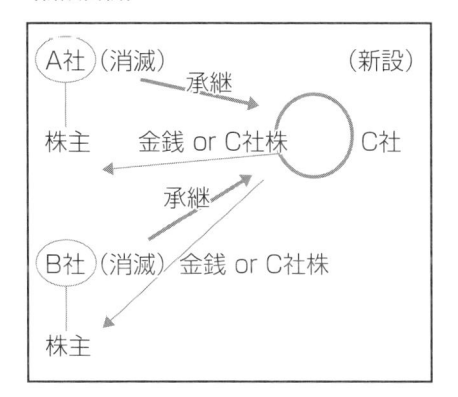

〈吸収合併〉

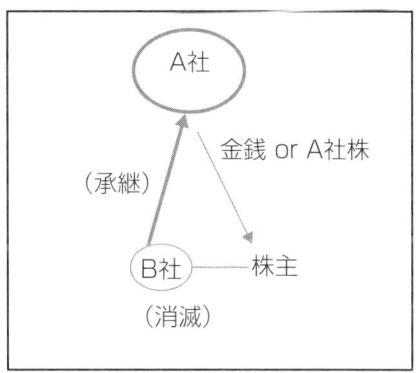

(3) 会社の分割

会社の事業の一部を分離することを会社の**分割**といいます。会社の分割にも，新会社を設立して事業を承継させる**新設分割**と，既存の会社に事業を承継させる**吸収分割**の2つがあります（図表3-12）。

◆図表3-12　新設分割と吸収分割◆

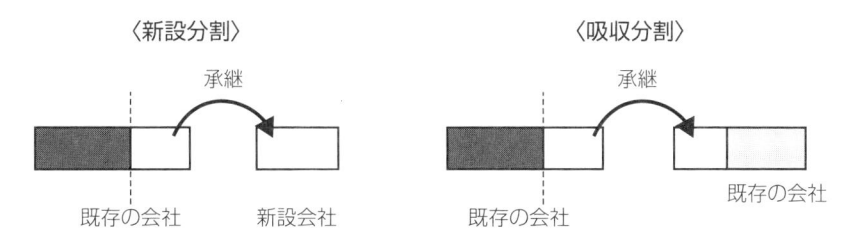

(4) LBOとMBO

 (1)〜(3)は，形態別にM&Aの種類を説明しましたが，それ以外によく使われる言葉として，LBOとMBOがあります。

 LBO（レバレッジ・バイアウト）とは，借入金を活用した買収のことを指します。買い手は借入金を梃子（lever）として，少ない元手で金額の大きい事業・企業を買収することができます。

 MBO（マネジメント・バイアウト）とは，経営陣（マネジメント）が自ら会社の株式・事業などをその所有者から買収することをいいます。一般的に経営陣は手元資金の規模が限られていることから，事業の買収にあたっては借入金による調達が必要となり，LBOの形態をとることが多くなるとされています。

3 原価計算と原価管理

　製造業を営む会社は，製品を製造するため製造工程において発生する原価を集計します。集計された原価を製造原価といいます。製造原価の集計は，製品の価格を設定する上で必要になります。また，製品を販売して得られた売上高に対応する費用（売上原価）を計算する上でも重要です。さらに，製造業を営む会社にとって，いかにこの製造原価を管理していくかが大きな課題となります。これを原価管理と呼んでいます。モノづくり日本と呼ばれたわが国の製造現場では，さまざまな原価管理手法が生み出されてきました。
　本節では，まず原価計算の仕組みを理解し，代表的な原価管理手法を学びます。

1. 製造原価明細書

　損益計算書上，売上原価に当期製品製造原価が掲記されている場合には，製造原価明細書を添付しなければならないとされています。**製造原価明細書**とは，損益計算書中の売上原価の内訳科目の1つである当期製品製造原価の算定プロセスを示す付表なのです。
　製造原価明細書は，図表3-13で示すようなプロセスを経て作成されます。

◆図表3-13　勘定科目の流れ◆

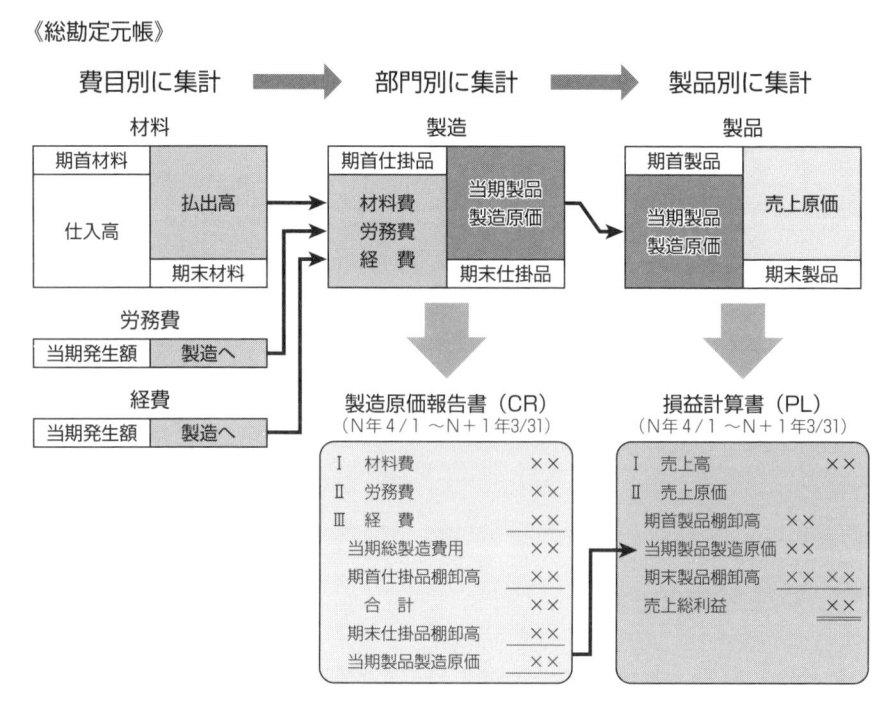

《総勘定元帳》

費目別に集計　➡　部門別に集計　➡　製品別に集計

材料
期首材料	払出高
仕入高	
	期末材料

労務費
| 当期発生額 | 製造へ |

経費
| 当期発生額 | 製造へ |

製造
期首仕掛品	当期製品製造原価
材料費	
労務費	
経費	
	期末仕掛品

製品
期首製品	売上原価
当期製品製造原価	
	期末製品

製造原価報告書（CR）
（N年4/1〜N+1年3/31）

Ⅰ　材料費	××
Ⅱ　労務費	××
Ⅲ　経　費	××
当期総製造費用	××
期首仕掛品棚卸高	××
合　計	××
期末仕掛品棚卸高	××
当期製品製造原価	××

損益計算書（PL）
（N年4/1〜N+1年3/31）

Ⅰ　売上高	××
Ⅱ　売上原価	
期首製品棚卸高	××
当期製品製造原価	××
期末製品棚卸高	××××
売上総利益	××

2. 原価計算とは

原価計算とは，特定の給付に関連づけて原価を把握する手続のことをいいます。つまり，会社が生産する製品の製造原価を計算する方法で，財務会計目的，管理会計目的[5]双方で使われます。

(1) 原価計算の目的

原価計算には，図表3-14のような目的があるとされています。

---

5) 財務会計と管理会計の区分は，➡第2章■　1.。

3 原価計算と原価管理

◆図表3-14　原価計算の目的◆

財務諸表作成目的	会社の財政状態や経営成績を表す財務諸表に表示するために必要な真実の原価を集計する
原価管理目的	経営管理者に対して，原価の管理に必要な原価資料を提供する
予算管理目的	予算の編成および予算統制のために必要な原価資料を提供する
経営意思決定目的	経営の意思決定を行うにあたり必要な原価情報を提供する
価格決定目的	価格決定に必要な原価資料を提供する

　このように，原価計算は損益計算書上，売上高に対応する売上原価を計算する（財務諸表作成目的）だけではなく，経営者にとって重要な役割を果たしています。特定の製品の原価管理をどのようにしていくか（原価管理目的）はもちろんのこと，どの分野の製品に注力していくのか（経営意思決定目的），あるいは製品の価格をどう設定するのか（価格設定目的）にも重要な働きをします。また，会社のガバナンスの上でも重要な役割を果たします（予算管理目的）。

(2) 原価の諸概念

　一言で原価といっても，さまざまな原価の概念があります。以下，主な概念を紹介します。

①実際原価，標準原価，予定原価

　原価は，実際に発生した原価なのか，目安としての原価なのかの区分に応じて，**実際原価**と**標準原価**に分けられます。また，**予定原価**は，予算管理に必要な概念です（図表3-15）。

◆図表3-15　実際原価, 標準原価, 予定原価◆

名称	内容	計算式
実際原価	財貨の実際消費量をもって計算した原価。財務会計に必要。	実際消費量×実際（予定）価格

標準原価	財貨の消費量を科学的，統計的調査に基づいて能率の尺度となるように予定し，かつ予定価格または正常価格をもって計算した原価。原価管理に必要。	標準消費量×予定価格
予定原価	予算等であらかじめ設定される原価。将来における財貨の予定消費量と予定価格とをもって計算した原価。予算管理に必要。	予定消費量×予定価格

　実際原価の計算は，原則として実際消費量×実際価格ですが，計算の迅速性・簡便性等実務上の配慮から予定価格を用いることも容認されています。この場合は，予定価格を用いたことによる差額（原価差額）を適切に処理しなければなりません。

②製品原価と期間原価

　製造原価が何を基準に集計されるかに着目した場合，**製品原価**と**期間原価**に区分されます（図表3-16, ➡第2章**2**　3.(2)）。

◆図表3-16　製品原価と期間原価◆

名称	内容
製品原価	一定単位の生産物（個数，1ロット，重量など）に集計される原価
期間原価	一定の期間について集計される原価

③全部原価と部分原価

　全部原価と**部分原価**は，製造原価の全部を集計するのか，一部を集計するのかに着目した区分方法です（図表3-17）。

◆図表3-17　全部原価と部分原価◆

名称	内容
全部原価	製造費用の全部を含めて製品原価を計算
部分原価	原価のうち一部分のみを集計したもの

部分原価の代表例が,「直接原価」です。直接原価とは,変動費のみを製品原価とするものです。直接原価計算については,「5. CVP分析と直接原価計算」を参照してください。

3. 費用の分類

原価にはさまざまな費用が集計されます。これらの費用を分類する主な方法を以下に紹介します。

(1) 形態別分類と機能別分類

原価発生の形態に着目するのか,原価のもつ機能に着目するのかで,**形態別分類**と**機能別分類**に分かれます(図表3-18)。原価計算においては,第一義的には形態別分類が用いられます。

◆図表3-18 形態別分類と機能別分類◆

名称	内容
形態別分類	原価発生の形態による分類で,材料費,労務費および経費に分類する方法
機能別分類	原価が経営上のいかなる機能のために発生したかによる分類。例として,修繕費,倉庫費,物流費等。

(2) 直接費と間接費

原価発生の態様が,製品と直接結び付けて認識できるかどうかによって,**直接費**と**間接費**に分類します(図表3-19)。

◆図表3-19 直接費と間接費◆

名称	内容
直接費	原価要素の発生が一定の単位の製品の精製に関して直接的に認識される費用
間接費	原価要素の発生が一定の単位の製品の精製に関して直接的に認識されない費用

材料費を例にとると，原材料費，素材費，購入部品費は直接材料費に分類されます。直接費は，製品ごとに直接集計することができます，一方，補助材料費，工場消耗品費，消耗工具器具備品費は間接材料費に分類されます。間接費はなんらかの基準によって製品に**配賦**されなければなりません。

(3) 固定費と変動費

操業度との関係で，原価の発生が操業度と比例的に増減するかあるいは一定かによって**固定費**と**変動費**に分類されます（図表3-20）。

◆図表3-20　固定費と変動費◆

名称	内容
固定費	操業度の増減にかかわらず変化しない原価要素
変動費	操業度の増減に応じて比例的に増減する原価要素

(4) 管理可能費と管理不能費

原価の発生が一定の管理者層によって管理し得るかどうか，管理可能性に着目することにより，**管理可能費**と**管理不能費**に分類できます。ただし，下級管理者層にとって管理不能費であるものも上級管理者層にとっては管理可能費となることがあるため，「誰にとっての管理可能性か」を明確にしなければなりません。

4．原価計算

以下では，原価計算はどのような手順を踏んで行われるのか，そのプロセスをみていきましょう。

原価計算は，一般に，図表3-21のような手順で行われます。これは，本節の冒頭に示した図表3-13の流れに沿っています。

◆図表3-21　原価計算の手順◆

費目別計算　➡　部門別計算　➡　製品別計算

(1) 費目別計算

　一定期間における原価要素を費目別に分類測定する手続をいいます。費目の分類例としては，図表3-22に掲げるようなものがあります。

◆図表3-22　費目別計算における分類例◆

形態＼直接・間接の分類	直接費	間接費
材料費	主要材料費（原料費），買入部品費	間接材料費，補助材料費，工場消耗品費，消耗工具器具備品費
労務費	直接賃金	間接労務費，間接作業賃金，間接工賃金，手待賃金，休業賃金，給料，従業員賞与手当，退職給与引当金繰入額，福利費（健康保険料負担金等）
経費	直接経費，外注加工費	間接経費，福利施設負担額，厚生費，減価償却費，賃借料，保険料，修繕料，電力料，ガス代，水道料，租税公課，旅費交通費，通信費，保管料，たな卸減耗費，雑費

出所：原価計算基準等を参考に作成。

(2) 部門別計算

　費目別計算において把握された原価要素を原価部門に分類集計する手続をいいます。原価部門とは，各製造部門および補助部門のことで，これらに(1)で集計された原価要素を**賦課**（または直課，直接に紐づけること）または**配賦**（適切な基準で配分すること）します。

(3) 製品別計算

　原価要素を一定の製品群に集計し，単位製品の製造原価を算定する手続をいいます。

製品別計算は，個別原価計算と総合原価計算に大別されます。

個別原価計算とは製造指図書単位で原価を集計する方法をいいます。

総合原価計算とは，一定期間における原価を集計し，「期首仕掛品＋当期製造費用－期末仕掛品原価」により算出された完成品の原価を計算する方法をいいます。総合原価計算にもさまざまな種類があります（図表3-23）。

◆ 図表3-23　製品別計算の諸類型 ◆

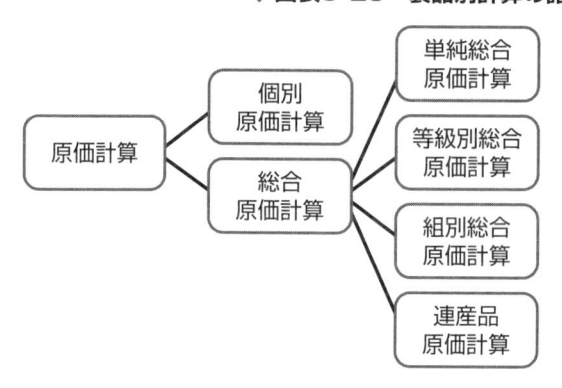

原価計算
├ 個別原価計算
└ 総合原価計算
　├ 単純総合原価計算：同種製品を反復連続的に生産する生産形態に適用
　├ 等級別総合原価計算：同一工程において同種製品を連続生産するが，その製品を形状，大きさ，品位等によって等級別に区別する場合に適用
　├ 組別総合原価計算：異種製品を組別に連続生産する生産形態に適用
　└ 連産品原価計算：同一の工程において，同じ原材料から異なる製品が必然的に生産され，これらの製品が主産物と副産物に区別できない場合に適用

さらに，総合原価計算において，製造過程が2以上の連続する工程に分けられ，工程ごとにその工程製品の総合原価を計算する場合の方法を**工程別総合原価計算**といいます。

5. CVP分析と直接原価計算

CVP分析は，会社が自らの利益構造を分析し，損益分岐点（売上高＝総費用となる地点）や目標利益を達成するのに必要な売上高を知る上で重要な情報を提供します。そのため，会社の短期利益計画の策定において，CVP分析は有効な手法の1つとされています。

直接原価計算を採用すると，CVP分析はより容易に行うことができます。

(1) CVP分析

CVP分析のCVPとは，cost（原価），volume（売上高），profit（利益）の頭文字をとったものです。

原価を変動費と固定費に分け，生産・販売量（操業度）に応じた費用線を書き入れます。さらに，売上高線も書き加えます。総費用線と売上高線の一致した地点が損益分岐点です（図表3-24）。

◆図表3-24　損益分岐点分析◆

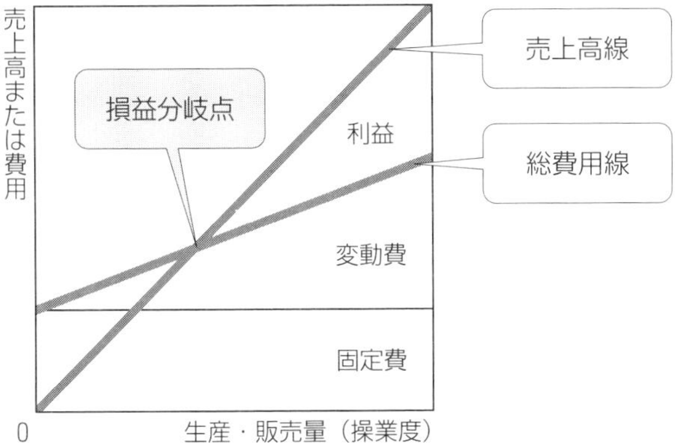

会社にとっては，**損益分岐点**を下げることが重要になってきます。実際の売上高と損益分岐点の売上高とを比較したものが**損益分岐点比率**です（図表3-25参照）。これが低ければ低いほど，会社の収益構造は優れているということになります。1から損益分岐点比率を差し引いたものを**安全余裕率**といい，裏返していえばこれが大きければ大きいほどよいということになります。

◆図表3-25　損益分岐点比率と安全余裕率◆

$$損益分岐点比率 = \frac{損益分岐点の売上高}{売上高} \times 100(\%)$$

安全余裕率＝1－損益分岐点比率

(2) 直接原価計算

前述のように，製品原価を変動費のみで算定し，固定費は期間費用として処理する方法を**直接原価計算**といいます。現行制度上は，全部原価計算が採用されているため，財務報告目的で直接原価計算をそのまま採用することができず，全部原価計算を実施した結果と同じになるように調整しなければなりません。

この場合，売上高から売上原価（変動費）を差し引いた額を**限界利益**と呼びます（図表3-26参照）。

◆**図表3-26　限界利益**◆

売上高－売上原価（変動費）＝限界利益

限界利益＝固定費となる地点を求めるのが，CVP分析です。

さらに，限界利益から管理可能費を差し引いて，特定の事業部の管理者の業績評価に使用することが可能です。また，管理不能固定費を差し引き算出されるのが，**事業部利益**で，これを**貢献利益**とも呼びます。この事業部がど

◆**図表3-27　限界利益と事業部貢献利益**◆

	A事業部
売上高	680
変動売上原価	355
変動販売費	82
限界利益	243
管理可能個別固定費	110
管理可能利益	133
管理不能個別固定費	90
事業部利益	43
共通固定費配賦額	30
事業部営業利益	13

A事業部の貢献利益

れだけ全社的な共通固定費の回収に役立っているのかを知ることができます。

6. 原価管理の手法

ここでは，原価管理の手法として，伝統的な標準原価計算と原価企画を紹介します。

(1) 標準原価計算

伝統的な原価管理の手法として標準原価計算があげられます。**標準原価計算**は，生産段階に着目した原価管理の手法で，あらかじめ標準的な条件の下で生産を行えば原価はいくらでなければならないのかを決定しておき，それと実際の原価とのかい離（標準原価差異）の原因を追究し，是正措置を講じることにより，それ以降の生産工程においてより効率化しようとするものです。

標準原価差異の分析手法について，材料費を例にとって説明しましょう。

特定の月の生産活動に，直接材料費が81,600千円（@510×160千個）掛かったとします。同じ生産活動を行うのに標準とされているのは，75,000千円

◆図表3-28　直接材料費差異分析◆

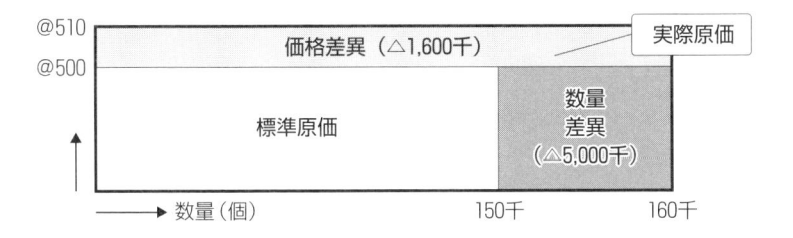

	標準(A)	実際(B)	差異((A)-(B))
単価	@500	@510	△@10
数量	150千個	160千個	△10千個
金額	75,000千円	81,600千円	△6,600千円

(@500×150千個）です。この場合，6,600千円の不利（マイナス）差異が生じています。その原因は，図表3-28のように分析されます。

実際原価は，標準原価を6,600千円も上回りましたが，そのうち価格差異は1,600千円，数量差異は5,000千円と分解され，数量差異の方が大きかったことがわかります。直接材料費の価格上昇が会社にとって管理不能だとすれば，価格差異△1,600千円はやむを得なかったといえます。しかし数量差異が△5,000千円生じたことについては，なぜ材料を多く費消したのか，その原因を追究してこれ以降の生産活動を改善する必要があるといえます。

(2) 原価企画

(1)で記述した標準原価計算が，生産段階に焦点を絞った原価管理手法であるのに対して，**原価企画**とは，設計やそれ以前の製品企画の段階から，いかにして原価の削減と利益目標の達成を確保できるか検討し，原価の作り込みを行う手法をいいます。このような検討には，開発・設計，購買，生産，販売，マーケティング，経理といった職能部門をまたぐ職能横断的なチームの結成が必要になります。

検討の過程では，市場情報から，消費者は今どんな製品を欲しがっているのか，その売価はいくらくらいであれば受け入れられるか（予想売価），当該製品から得られる利益の目標はいくらか（目標利益）等を摺り寄せていき，「予想売価－目標利益」で目標原価を算定します。もちろん，このように算定される目標原価の達成は容易なものではありません。この目標原価を達成するために，あらゆる原価改善のアイデアを検討することが必要となってきます。

4 資金管理とキャッシュ・フロー経営

　会社の場合も，私たち個人と同様，お金を支払う時期をあらかじめ予測して支払に必要な資金を手当てする必要があります。会社は，仕入れた商品代金や従業員の給料等を支払わなければなりませんが，その時期は通常予測できるため支払の準備をします。手許にある現金預金等を集めて十分であれば安心です。余るようであれば，短期間の投資を考えるかもしれません。逆に足りないと思われる場合は，銀行等から借入をする準備を始める必要があります。これが資金繰り（資金管理）です。

　以下では，資金繰りの必要性を学び，最近注目されているキャッシュ・フロー経営についてみていきます。

1. 資金管理の必要性

(1) 資金とは

　一口で資金といっても，運転資金，正味運転資金，支払資金，現金資金等さまざまなものがあります。これらが意味すると一般に考えられている内容は図表3-29のとおりです。

◆図表3-29　資金の種類◆

運転資金	流動資産（貸借対照表に計上されている資産のうち1年以内に現金化される資産）
正味運転資金	流動資産－流動負債
当座資金	現金預金＋短期債券＋市場性ある有価証券－短期債務
支払資金	現金預金＋営業債権（受取手形，売掛金等）－営業債務（支払手形，買掛金等）
現金資金	現金＋要求払預金

一方，キャッシュ・フロー計算書における**キャッシュ**とは，現金に非常に近いものだけをもって資金としています。つまり，キャッシュ・フロー計算書におけるキャッシュは，**現金及び現金同等物**です。これは，図表3-30に限定されます。株式等は価格変動リスクが高いため，短期利殖目的で保有する市場性のある銘柄であってもこれに含まれません。

◆ 図表3-30　キャッシュ・フロー計算書における資金（キャッシュ）◆

現金	手許現金，当座預金，普通預金，通知預金等の要求払預金
現金同等物	容易に換金することができ，かつ価値の変動について僅少なリスクしか負わない短期投資 （例）3か月以内の定期預金，コマーシャル・ペーパー

(2) 収益・費用と資金との関係

商品を仕入れ販売する会社を想定してください。商品を仕入れた場合は，商品代金を支払う必要があります。一方，商品を売り上げた場合は，商品代金が手許に入ってきます。

しかし，すぐに，商品仕入＝現金のマイナス，売上＝現金のプラス，となるわけではありません。通常の営業取引では，代金の現金決済を一定期間猶予することが多く，これを**企業間信用**ともいっています。つまり，「掛けで買う」あるいは「掛けで売る」ということです。

売上取引においては，売上が大きければ大きいほど，資金繰りには余裕が出てくるといえますが，売掛金が大きくなればなるほど逆に資金繰りは苦しくなります。

一方，仕入取引においては，仕入額が大きければ大きいほど，資金繰りは苦しくなりますが，買掛金が大きくなればなるほど逆に資金繰りは楽になります。

このようなことから，資金繰りの観点からは，会社が「売上債権は可能な限り早く回収し，買掛債権は可能な限り支払を延ばす」ことが望ましいわけです。

4 資金管理とキャッシュ・フロー経営

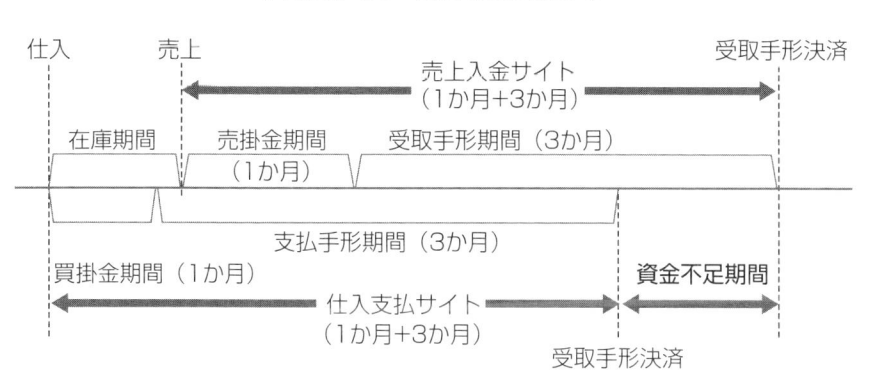

◆ 図表3-31　会社の資金繰り ◆

```
仕入        売上                                    受取手形決済
 │          │        売上入金サイト
 │          │        (1か月+3か月)
 │          │←──────────────────────────→│
 │  在庫期間 │ 売掛金期間  受取手形期間（3か月）
 │          │ （1か月）
─┼──────────┼──────────┬──────────────────┼──────────
            │          │
            │ 支払手形期間（3か月）          │
 │          │          │                  │  資金不足期間
 │ 買掛金期間（1か月）   │                  │←────────→│
 │          │  仕入支払サイト               │
 │          │  (1か月+3か月)                │
 │←────────────────────────────────────→│
                                         受取手形決済
```

　図表3-31では，ある会社の仕入取引に係るサイト（支払までの期間）と売上取引に係るサイト（入金までの期間）を示しています。掛けで商品を仕入れた場合，会社にとっては買掛金が発生します。買掛金の決済は1か月後となっており，1か月経った時点で会社は買掛金を支払手形で決済します。支払手形の支払期日は3か月後となっています。一方，売上取引においても掛け売りを行っています。売掛金の決済は1か月後となっており，1か月経った時点で会社は受取手形を入手します。受取手形の決済期日は3か月後となっています。

　このケースでは，仕入取引に係るサイトと売上取引に係るサイトが同一となっています。仕入取引に係るサイトが短ければ短いほど，売上取引に係るサイトが長ければ長いほど，会社の資金繰りにはマイナスの影響を及ぼします。また，図表3-31からわかるように，在庫のまま保有している期間が長ければ長いほど，**資金不足期間**が長くなります。このような場合，手許の現金で補うか，受取手形を期日前に銀行等で割り引いてもらう等により資金を調達する必要が出てきます。

(3) 資金管理の必要性

(2)で説明したように，売掛金が回収されるまでは資金は増加しませんし，買掛金が支払われるまでは資金は減少しません。したがって，損益計算書上，利益が出ていても支出金額が収入金額を上回り，他から資金を手当てすることができなければ，会社の資金繰りは破たんし倒産してしまいます。これを**黒字倒産**といいます。

逆に損失を出し続けていても倒産しない会社が世の中にはたくさんあります。損失が出ていれば資金は減少するのですが，借入を行えば当座の資金不足は避けられます。ただし，いつまでも借入が続けられるかというとそうではなく，利益を上げなくてはいずれは破たんしてしまいます。また，業績の低迷が続けば，金融機関の信用が落ちて借入を引き上げられてしまうことは十分に考えられます。

黒字倒産といった事態を招かないためにも資金管理が必要です。資金管理は，資金計画を立てその計画に従って実際の資金の収支を管理していく資金統制のプロセスです。

2. 資金調達方法の決定

(1) 長期資金と短期資金

長期的に必要な資金を**長期資金**，短期的に必要な資金を**短期資金**という呼び方をすることがあります。

例えば，工場や機械装置のように長期間事業活動に使う有形固定資産を建設するには，多額の資金が必要になります。これらに投下された資金は，その後の事業活動によって生まれる利益によって回収されますが，回収期間は長くなります。このような設備資金は長期資金の典型的なものです。

商品在庫や売掛金は，大部分が数か月後に売上取引を通じて現金化されるため，短期資金といえます。しかし，それらの中でも事業活動を行う限り常に保持しておかなければならない最低限の在庫や必ず一時点で残っている売

掛金の最低水準の額は，長期運転資金として長期資金に該当します。

短期資金には，決算時に支払う法人税等の税金や賞与支給のための資金，売上の季節変動に伴って発生する季節資金等があります。

長期資金と短期資金とを区別することが必要となるのは，資金調達の方法が異なるからです。長期資金が必要であれば，返済が長期間にわたるので，長期借入金や増資によって調達するか，内部留保の蓄積を利用することになります。一方，短期資金は，資金不足が一時的なものなので，短期借入金で調達します。長期資金を短期借入金で調達することは，資金繰り上健全な姿とはいえません。

(2) 直接金融と間接金融

わが国の会社の資金調達方法は，従来，銀行借入（**間接金融**）が主流でしたが，会社の経営が安定的に成長し，資本市場で一定の評価を受けるようになると，直接，資本市場から資金調達（**直接金融**）ができるようになります。

各資金調達方法のコスト，利便性，経営権への影響等を考慮し，使途との整合性を考え合わせ，資金調達方法を選択することになります。

後述（図表3-34）で紹介するキヤノン㈱のように，有利子負債（銀行借入）に頼らない無借金経営を目指している会社も多数あります。

◆図表3-32　資金調達方法◆

資金調達方法	関係する財務諸表の科目
これまでの利益の蓄積の利用	内部留保の利用
会社の資産の処分による収入	資産の売却（固定資産，流動資産）
銀行借入	長期借入金，短期借入金
資本市場での資金調達	新株発行（増資），社債の発行

3. キャッシュ・フロー計算書の見方

(1) キャッシュ・フローを用いた分析

キャッシュ・フロー計算書は，1999（平成11）年4月より連結財務諸表において導入されました[6]。

キャッシュ・フローとは文字どおりお金の流れで，「第2章**2** 財務諸表の作成原理」で説明したように3つの活動区分に分かれています。

第2章4で，企業の財務分析に用いる各種指標を紹介していますが，キャッシュ・フローを用いた指標をここで紹介しておきます。

図表3-33で示したように，主として本章**6**の指標の「利益」の部分を「（営業）キャッシュ・フロー」に置き換えたものとなっています。これらは，支払（返済）能力をみるもので，安全性分析に用いられます。

◆図表3-33　キャッシュ・フローを用いた指標◆

名称	意義	計算式
営業キャッシュ・フロー対流動負債比率	営業キャッシュ・フローによる短期債務支払能力	$\dfrac{流動負債}{営業キャッシュ・フロー} \times 100(\%)$
営業キャッシュ・フロー対有利子負債比率（キャッシュ・フロー比率）	営業キャッシュ・フローによる有利子負債支払能力	$\dfrac{有利子負債}{営業キャッシュ・フロー} \times 100(\%)$
営業キャッシュ・フロー対総負債比率	営業キャッシュ・フローによる総負債の支払能力	$\dfrac{総負債}{営業キャッシュ・フロー} \times 100(\%)$
キャッシュ・フローマージン	売上高を現金に換える能力	$\dfrac{営業キャッシュ・フロー}{売上高} \times 100(\%)$
自己資本キャッシュ・リターン比率	株主のために十分なキャッシュを生んでいるかどうかを示す	$\dfrac{営業キャッシュ・フロー}{自己資本} \times 100(\%)$

---

[6] 連結財務諸表を作成しない会社においては，個別財務諸表においてキャッシュ・フロー計算書を作成することとされました。

(2) 営業活動によるキャッシュ・フロー

　キャッシュ・フロー計算書の区分のうち，営業活動によるキャッシュ・フローの収支尻がプラスであれば，その余剰でそれ以外の区分の諸支払をすることができます。反対にこれがマイナスであれば，他の区分における余剰がないと，商品代の支払や販売費及び一般管理費の支払いもできなくなります。このようなことから，まず第一に営業活動によるキャッシュ・フローが重要だということがいえます。

(3) フリー・キャッシュ・フロー

　投資活動によるキャッシュ・フローは，設備投資，証券投資，融資の3つのキャッシュ・フローに分けられます。このうち，設備投資は，営業活動の展開のため不可欠な投資です。したがって，大規模な設備投資が行われた場合は，投資活動によるキャッシュ・フローはマイナスとなります。営業活動によるキャッシュ・フローと投資活動によるキャッシュ・フローを合算したものを**フリー・キャッシュ・フロー**と呼んでいます。フリー・キャッシュ・フローは，会社が自由に使えるお金という意味であり，これが大きければ大きいほど経営は安定していることになります。

(4) キャッシュ・フロー経営

　会社にとっては，いかに利益を上げるかが最重要課題ですが，利益をキャッシュ・フローに結び付け，いかにしてキャッシュ・フローを稼ぎ出すかに重点を置くのがキャッシュ・フロー経営です。その上で，稼ぎ出したキャッシュをどれだけ有効に活用するかを重視するのです。キャッシュ・フロー経営においては，事業ごとにキャッシュの投下と得られる成果を管理し，キャッシュを生まない事業や資産の見直しを行うことにより経営の効率化を図るとともに，必要運転資金を最低限にするように管理することが必要となります。

　図表3-34は，キヤノン㈱による自社のキャッシュ・フローの状況の分析です。キヤノン㈱は，キャッシュ・フロー経営に重点を置いており，3つの

◆ 図表3-34　キヤノン㈱のキャッシュ・フロー経営 ◆

(キャッシュ・フロー経営)
　当社はキャッシュ・フロー経営にも重点を置いております。以下の指標は，経営者が重要だと捉えているキャッシュ・フロー経営に関連したKPI(注)です。
　たな卸回転資産日数はKPIの1つであり，サプライチェーン・マネジメントの成果を測る目安となります。たな卸資産は陳腐化及び劣化する等のリスクを内在しており，その資産価値が著しく下がることで，当社の業績に悪影響を及ぼすこともありえます。こうしたリスクを軽減するためには，サプライチェーン・マネジメントの強化により，たな卸資産の圧縮及び製品コスト等の回収を早期化させるために生産リードタイムを短縮させていく活動を継続していくことが重要であると考えられます。
　また**有利子負債依存度**もキャッシュ・フロー経営の成果を測る指標の1つです。当社は主に通常の営業活動からのキャッシュ・フローで，流動性や資金需要に対応できるよう努めており，無借金経営を目標にしています。当社のような製造業では，開発，生産，販売等のプロセスを経て，事業が実を結ぶまでには，一般に長い期間を要します。そうした実情において，外部からの資金調達に頼らない堅固な財務体質を構築することは重要なことであると考えます。今後も当社は設備投資等に際しても，主として内部の資金留保で運用していくことを継続していきます。
　総資産に占める株主資本の割合を示す**株主資本比率**も，当社におけるKPIの1つとしております。株主資本を潤沢に持つことは，長期的な視点に立って高水準の投資を継続することにつながり，短期的な業績悪化にも揺るがない事業運営を可能にします。特に，研究開発に重点を置く当社にとっては，財務の安全性を確保することは，非常に重要なことであると考えられます。

(注) Key Performance Indicatorのこと。重要業績評価指標と訳されます。
出所：キヤノン㈱有価証券報告書（平成26年12月期）第2　事業の状況「財政状態，経営成績及びキャッシュ・フローの状況の分析」から抜粋。

KPI（主要業績指標）を設定しています。このうち，棚卸回転資産日数（➡第2章 4　3.(2)）は，1日当たり平均売上原価を計算して，その何日分の在庫を抱えているかを示すものです。過剰在庫を抱えると在庫が陳腐化する等のリスクを伴うため，**サプライチェーン・マネジメント**[7]により極力在庫を圧縮する努力をしています。

---

7) 生産から最終顧客まで財貨・サービスが動くプロセスにおいて，全体を通じてそれぞれの組織が共同で全体最適を目指して，情報の透明・迅速な流通，リードタイムの短縮等を行うこと。

5 研究開発と特許戦略

　会社が販売する財貨やサービスにも人の一生と同じようにライフサイクルがあります。ある製品が消費者のニーズに適合し社会に認知されたなら，売上は爆発的に伸びることでしょう。しかし，やがてその売上にもブレーキがかかります。消費者の関心は移ろいやすいことも要因の1つですし，人気の高い製品であれば必ずライバル会社が参入し，より高品質の類似製品を売り出そうとするでしょう。売れ行きが悪くなった製品は別の新製品に置き換えられ，やがて製造中止となり一生を終えます。これが製品のライフサイクルです。

　したがって，会社は常に研究開発を行うことによって，将来の主力となる財貨やサービスを考案していく必要があるのです。研究開発は会社にとって重要な戦略であり，またそれによって得られた知的財産を守っていくことも重要な課題となっています。

1. 研究開発活動

　ここでは，会社が行っている製品および生産・製造工程等に関する開発や技術的改善を図るために行われる活動を**研究開発活動**と呼ぶこととします。会社が自社の製品を開発するために一からすべての研究開発を行うこともありますが，政府も会社等による経済活動の活性化やわが国の製品等の国際競争力の向上を目指して，会社が単独ではできない研究開発活動を支援しています。

(1) 研究開発活動の分類

　研究開発活動は，その性格に応じて通常，基礎研究，応用研究および開発研究の3つに分けられます。

基礎研究とは，特別な応用，用途を直接に考慮することなく，仮説や理論を形成するためもしくは現象や観察可能な事実に関して新しい知識を得るために行われる理論的または実験的研究をいいます。

応用研究とは，基礎研究によって発見された知識等を利用して，特定の目標を定めて実用化の可能性を確かめる研究，およびすでに実用化されている方法に関して，新たな応用方法を探索する研究をいいます。

開発研究は，さらに進んで，基礎研究，応用研究，および実際の経験から得た知識の利用であり，新しい材料，装置，製品，システム，工程等の導入または既存のこれらのものの改良をねらいとする研究開発をいいます[8]。

◆図表3-35　研究開発の各段階◆

公的資金			
	大学－学術研究（研究者の自由な発想と研究意欲を源泉）	基礎研究	・理論的・実験的研究
	独立行政法人等（特定の政策のためのプロジェクト等）	応用研究	・特定の目標を定めて実用化の可能性を確かめる研究等
	会社による新製品等の研究開発	開発研究	・新しい材料、装置製品、システム、工程等の導入等

産学連携とよくいわれますが，「産」は産業界，「学」は大学等の研究機関を指し，これらが連携を図ることで新規産業の創出を推進することをいいます。

その産と学の橋渡しをする役目がTLOです。**TLO**とは，Technology Licensing Organization（技術移転機関）の略称です。大学の研究者の研究成果を特許化し，それを企業へ技術移転する法人であり，産と学の「仲介役」

---

8) 文部科学省「民間企業の研究活動に関する調査」http://www.mext.go.jp/b_menu/toukei/chousa06/minkan/yougo/1267199.htm

の役割を果たす組織です。大学発の新規産業を生み出し，それにより得られた収益の一部を研究者に戻すことにより研究資金を生み出し，大学の研究のさらなる活性化をもたらすという「知的創造サイクル」の原動力として産学連携の中核をなす組織です。

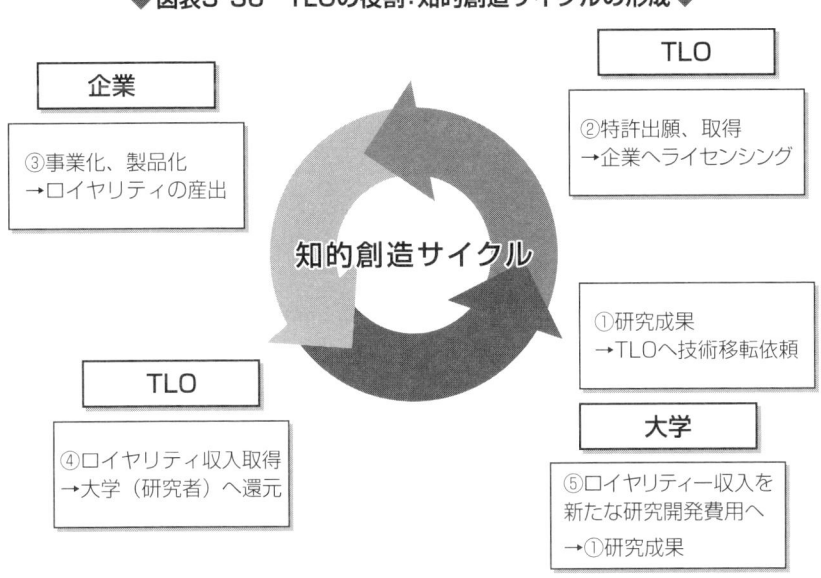

◆図表3-36　TLOの役割：知的創造サイクルの形成◆

TLO
②特許出願、取得
→企業へライセンシング

企業
③事業化、製品化
→ロイヤリティの産出

知的創造サイクル

①研究成果
→TLOへ技術移転依頼

大学

TLO
④ロイヤリティ収入取得
→大学（研究者）へ還元

⑤ロイヤリティー収入を
新たな研究開発費用へ
→①研究成果

出所：経済産業省ホームページ「大学の技術移転」
　　　(http://www.meti.go.jp/policy/innovation_corp/tlo.html) 2015年10月5日確認。

(2) 研究開発活動の評価

研究開発活動にはコストが掛かります。さらにその結果が当初の目的を達成し，プラスの成果が生み出されるかどうかには不確実性が伴います。単に研究開発活動にお金をつぎ込むだけでなく，成果との関連性を評価することが必要となってきます。

研究開発の評価は，研究開発テーマの選択時に実施する事前評価，研究開発活動の途中で実施する中間評価，研究開発が終了した後に実施する事後評

価，さらには追跡評価に分けられます（図表3-37）。

◆図表3-37　研究開発活動の評価◆

事前評価 ➡ 中間評価 ➡ 事後評価 ➡ 追跡評価

　国や大学等を中心に行われる基礎研究と会社の行う実用化に近い段階での研究開発とはそれぞれ評価基準は異なります。

　会社の行う研究開発は，最終的に会社の業績にプラスの影響をもたらさなければなりません。研究の各段階において適切な評価方法が採用されなければなりませんが，いくつか評価方法を紹介しておきます。

①**研究開発費効率**

　研究開発費効率とは，研究開発に係るコストと成果の関係を示す指標です。研究開発と成果の発現にはタイムラグがあるため，過去4～5年間の研究開発費とその後の5～8年の営業利益とを対比させます（図表3-38）。

◆図表3-38　研究開発費効率◆

研究開発費効率＝研究開発成果÷研究開発費

②**評点法**

　評点法は，評価者の主観的な判断を数量化して評価する方法です（図表3-39）。

◆ 図表3-39　評点法の例 ◆

市場	想定年間市場規模	5・4・3・2・1
	競合製品，代替製品の可能性	5・4・3・2・1
	製品寿命	5・4・3・2・1
研究開発	研究開発の成功確率	5・4・3・2・1
	研究開発期間	5・4・3・2・1
	研究開発の革新度	5・4・3・2・1
	他社特許，類似特許の存在	5・4・3・2・1
	安定的品質の確立	5・4・3・2・1
戦略	戦略との整合性	5・4・3・2・1
	環境保全への寄与	5・4・3・2・1
	安全性	5・4・3・2・1
経済性	研究開発費	5・4・3・2・1
	設備投資額	5・4・3・2・1
	事業の収益性	5・4・3・2・1

2. 研究開発活動の会計処理と開示

(1) わが国の基準

　さて，これまでみてきた会社にとって莫大な研究開発費は，どのように会計処理をするのでしょうか。研究開発費は，発生時には将来の収益を獲得できるかどうか不明であり，また研究開発計画が進行し，将来の獲得期待が高まったとしても依然としてその獲得が確実とはいえないとして，発生時に費用処理することとされています[9]。アメリカの基準[10]とほぼ同じです。

(2) 国際的動向

　IFRS（国際会計（財務報告）基準）[11]では，研究開発費のうち，図表3-40の要件を満たすものについては無形資産に計上し減価償却を行わなければな

---

9)　「研究開発費等に係る会計基準」企業会計審議会（平成10年3月13日）。
10)　FASB-ASC Topic730「研究開発」。
11)　国際会計基準（IAS）第38号「無形資産」。

らないとされています。

◆図表3-40　国際会計基準において,資産計上する研究開発費◆

- 販売できる能力
- 開発を完成させるための資源の利用可能性
- 支出の測定可能性
- 技術的な実現可能性
- 企業の使用意思または売却意思
- 将来の経済的便益の発生可能性

　以上のように，国際レベルでは会計処理方法に違いがあるほか，IFRS適用会社においても幅広い実務があり，業界ごとにその実態も異なるとの報告[12]もあります。わが国においては，当面現行の費用処理方法が維持されるものと思われます。

(3) 製薬会社の例

　研究開発費の割合が多い業界には，製薬事業，電機・IT事業，自動車関連事業があげられます。

　代表的な例として製薬会社の財務諸表をみてみましょう。製薬業界においては，新薬の開発が会社の命運を左右するともいわれています。わが国の会社はもちろんのこと，IFRS適用会社においても社内発生開発費は原則として費用処理されているようです[13]。

　図表3-41は，武田薬品工業㈱の研究開発費の開示です。2015年3月期の売上高研究開発費比率は21.5％と高い比率に上っています。

---

[12]　「無形資産に関する検討経過の取りまとめ　別紙4」企業会計基準委員会（平成25年6月28日）。
[13]　同上。

◆図表3-41　武田薬品工業㈱　連結損益計算書（抜粋）◆

(単位：百万円)

	注記番号	前年度 （自　2013年4月1日 　至　2014年3月31日）	当年度 （自　2014年4月1日 　至　2015年3月31日）
売上収益	4	1,691,685	1,777,824
売上原価		△490,263	△520,990
売上総利益		1,201,422	1,256,834
販売費及び一般管理費	5	△556,210	△612,613
研究開発費		△341,560	△382,096
製品に係る無形資産償却費及び減損損失	13	△143,202	△176,402
その他の営業収益	6	23,861	107,181
その他の営業費用	6	△45,038	△322,158
営業利益（△は損失）	4	139,274	△129,254

出所：武田薬品工業㈱有価証券報告書（2015年3月期）第5　経理の状況「連結損益計算書」から抜粋。

　また，売上総利益率（売上総利益÷売上高）は，70.7％と高くなっており，このような高利益体質が研究開発活動を支えているといってよいでしょう。

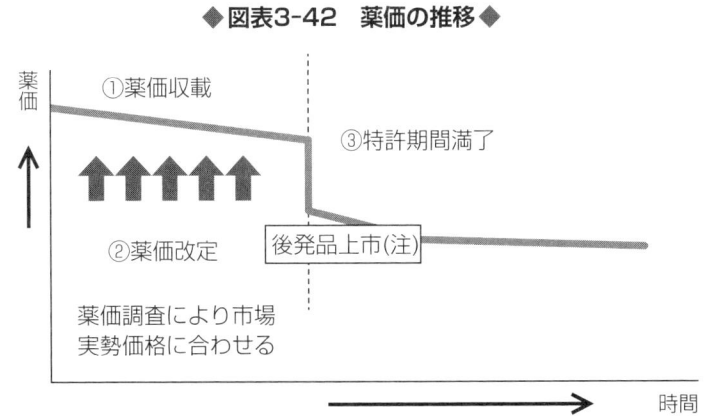

◆図表3-42　薬価の推移◆

薬価

①薬価収載

②薬価改定

薬価調査により市場実勢価格に合わせる

③特許期間満了

後発品上市（注）

時間

(注)実際に市場に出ること
出所：財務省予算編成資料等から作成。

参考として,医療機関や調剤薬局から一般の患者に提供される際に適用される薬価は,図表3-42のような推移をたどるとされています。新薬開発に係る特許が期間満了となるまでにそれまでの研究開発に係る投資を回収し,次の新薬開発に投資されるものと考えられます。最近では,自社で研究開発を実施するのみならず,M&A(➡本章**2**)により新規分野に進出する動きが加速し業界の再編成が進んでいるといわれています。

3. 研究開発活動の成果

(1) 知的財産権の取り扱い

2.で記述したように,研究開発活動の結果得られた成果は,他社に流出しないように適切に保護していく必要があります。

知的財産権は図表3-43のような種類があります。

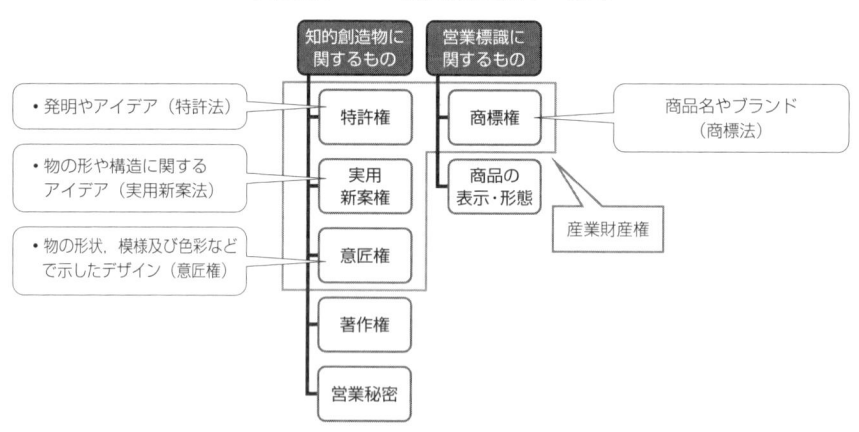

◆図表3-43　知的財産権の一覧◆

分類	権利	内容
知的創造物に関するもの	特許権	発明やアイデア(特許法)
	実用新案権	物の形や構造に関するアイデア(実用新案法)
	意匠権	物の形状,模様及び色彩などで示したデザイン(意匠権)
	著作権	
	営業秘密	
営業標識に関するもの	商標権	商品名やブランド(商標法)
	商品の表示・形態	

※特許権,実用新案権,意匠権,商標権=産業財産権

このうち,特許権,実用新案権,意匠権,商標権を産業財産権と呼びます。これらが権利として保護されるためには,特許権,実用新案権,商標権は特

許庁に出願し，審査を受け，登録する必要があります。意匠権についても，登録の出願を行う必要があります。

自社の知的財産権を保護するためには，適時に出願することが必要である上，出願および維持には費用が掛かりますので，戦略的にこれらの財産を管理していく必要があります。

(2) 会計上の取り扱い

知的財産権は，会計上は無形固定資産として扱われます。2.で記述したように，研究開発段階の費用は発生時の費用として処理されますが，他社から有償取得する等の場合には資産計上されるのです。資産計上される場合は，実態に応じた耐用年数により償却を行う必要があります。

一般に図表3-44で示すように税法上の耐用年数は，法律上の有効期間より短くなっています。経済的な価値の存続期間は法律上の有効期間より短いと考えられているからです。

◆ **図表3-44　主な無形固定資産の税法上の耐用年数と法律上の有効年数** ◆

資産の種類		税法		法律上の権利
		償却方法	耐用年数	
法律上の権利	特許権	定額法	8年	20年
	実用新案権		5年	10年
	意匠権		7年	20年
	商標権		10年	10年
	借地権	非償却資産		
	鉱業権	定額法等	内容別に5・8年等	
	漁業権	定額法	10年	5・10年
ソフトウェア			5・3年	―
のれん			5年	―

第3章　会社の戦略を知る

　会社は，自らが研究開発によって特許権を取得するだけでなく，他人のもつ特許権を利用して新製品等を作ることができます。これが，特許権の**実施許諾**です。

　実施許諾をライセンスともいいます。ライセンスを提供する者をライセンサー，ライセンスを供与され実施する者がライセンシーです（図表3-45参照）。これによって，会社は，自社で研究開発を一から行う時間と費用とを節約できます。ライセンサーに支払う実施料が買取りの代価であったり，最初に一括して支払う一時金の場合は図表3-44で示す税法上の耐用年数（8年）で均等償却することになります。

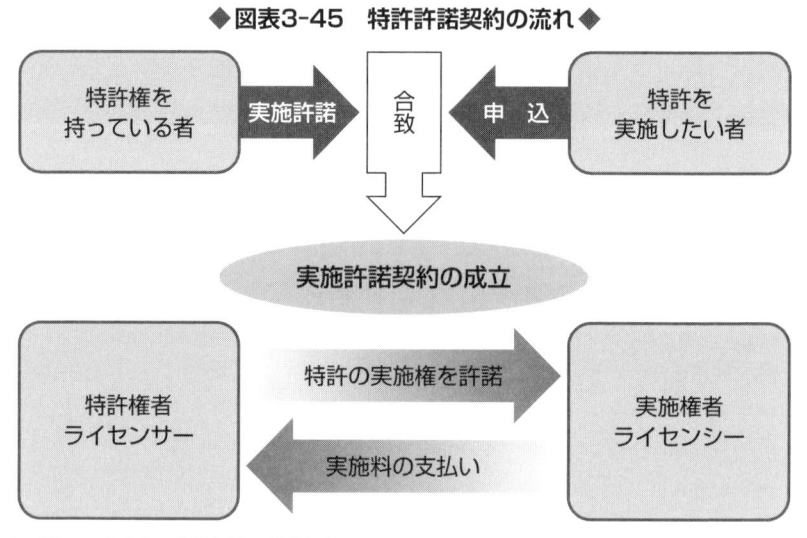

◆図表3-45　特許許諾契約の流れ◆

出所：「知っておきたい特許契約の基礎知識」P.30 独立行政法人工業所有権情報・研修館ホームページ
　　　(http://www.inpit.go.jp/blob/katsuyo/pdf/info/tebiki_1009.pdf)
　　　2015年10月5日確認。

6 設備投資

　設備投資とは，会社が事業のために使用する資産を拡充するために資金を投下することです。設備投資は，国内経済における景気の動向にも大きく影響します。会社にとってみれば，設備投資は成長を続けるために必須のものである一方，その額の大きさや設備の寿命の長さから一つ間違えば会社に致命的なダメージを与える重要な意思決定案件です。

　最近は製品のライフサイクルが短くなってきたことにより，せっかく多額の設備投資をしても，短期間で撤退を余儀なくされるケースも出てきています。そのような場合は，会社は使われなくなった設備について損失を計上しなければなりません。また，従業員を移動・解雇したり，すでに受け取った地方公共団体の補助金を返還しなければならない場合もあります。これらは会社の経営にとって大きなマイナスのインパクトとなります。

　本節では，設備投資とは具体的にどのようなものか，設備投資の意思決定はどのようになされるのか等についてみていきます。

1. 設備投資の内容

　森永乳業㈱の2015年3月期の「設備投資等の概要」[14]によると，2015年3月期には，生産設備の新設，更新および合理化と販売体制の強化を目的として総額256億円（有形固定資産）の設備投資を実施したと記載されています。確かに図表3-46で示す固定資産明細表（当期増加額）からは，設備投資は主に生産設備や販売・物流設備等の有形固定資産について行われたことがわかります。内訳としては，主力の東京多摩工場において市乳・ヨーグルト設備増強等を図ったとされています。**有形固定資産**とは，土地，建物，機械およ

---

[14] 森永乳業㈱2015年3月期有価証券報告書　第一部企業情報　「第3　設備の状況」。

第3章 会社の戦略を知る

び装置等の有形で耐用年数が1年を超える資産を指します。

◆図表3-46　森永乳業㈱　有形固定資産等明細表◆

(単位：百万円)

区分	資産の種類	当期首残高	当期増加額	当期減少額	当期償却額	当期末残高	減価償却累計額
有形固定資産	建物	84,346	1,867	826 (184)	2,402	85,387	47,668
	構築物	13,290	247	29 (9)	328	13,508	8,850
	機械及び装置	192,059	5,464	4,467 (5)	6,844	193,056	153,286
	車両運搬具	44	2	5	1	41	35
	工具，器具及び備品	11,865	779	2,363	564	10,282	8,001
	土地	41,072	410	89 (1)	—	41,393	—
	リース資産	5,221	783	661	854	5,344	2,795
	建設仮勘定	4,050	9,509	8,166	—	5,393	—
	計	351,951	19,065	16,610 (201)	10,995	354,406	220,636
無形固定資産	のれん	60	7	—	13	67	58
	借地権	3,321	—	—	—	3,321	—
	商標権	8	0	—	0	8	6
	ソフトウェア	890	590	—	246	1,481	387
	電話加入権	111	—	0	—	111	—
	リース資産	2,324	126	3	409	2,447	1,520
	その他	392	573	445	5	520	136
	計	7,108	1,297	448	676	7,957	2,110

出所：森永乳業㈱有価証券報告書（2015年3月期）第5【経理の状況】有形固定資産等明細表から抜粋。

　図表3-46中の**建設仮勘定**とは，工事中の資産の原価をいったん経過的に集計する科目です。建物，機械および装置等への投資額は，すべてこの科目を経由して最終的に建物，機械および装置等の本勘定に振替えられます。

2. 設備投資の意思決定

　会社の経営者が設備投資の意思決定を行う場合には，複数の案が検討され，その中から最も経済的に有利な案を選択します。設備は長期間使うことが予定されているため，通常，時間概念を用います。

(1) 代替案の比較の原則
　代替案を比較する際に，一般に用いられる手法を紹介しておきます。

①キャッシュ・フローによる比較
　代替案の比較に際しては，各案からもたらされるキャッシュ・フローを判断基準に用いることが一般的です。なぜ，期間損益計算によって算出される利益を用いないのかというと，会計方針という不確実な前提条件を設けて期間の利益を計算する必要はなく，一定期間の単純なお金の出入りを比較する方が客観的だからです。

　また，本社の共通費の事業部への配賦額等，配賦計算により負担している共通費用等は，キャッシュ・フローに加えないのが一般的です。

②時間概念の導入
　設備投資の成果は，長期間にわたって現れるため，代替案の比較には**時間概念**を導入する場合があります。

　時間概念の考え方を簡単に紹介しておきましょう。今，手許に現金1百万円があるとしましょう。1百万円は，10年後，20年後にはもう少し価値が増えています。預金をはじめとする市場金利が1％であったとしても，1年後，10年後，20年後の価値は図表3-47のように増えているはずです。

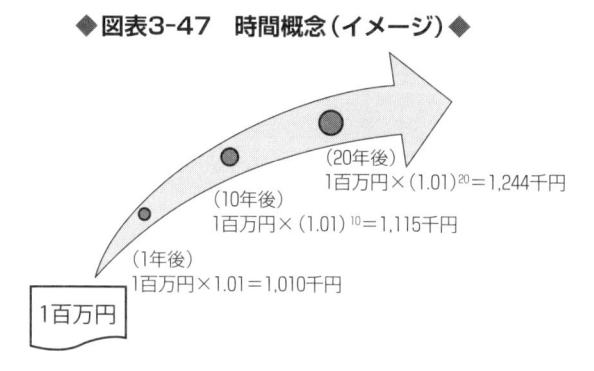

◆図表3-47　時間概念（イメージ）◆

(20年後)
1百万円×(1.01)^{20}＝1,244千円

(10年後)
1百万円×(1.01)^{10}＝1,115千円

(1年後)
1百万円×1.01＝1,010千円

1百万円

　このような概念を導入すると，逆のこともいえます。つまり10年後の1,115千円および20年後の1,244千円は現在の1百万円の価値しかないということになります。つまり，設備投資による将来のキャッシュ・フローを適切に比較するには，市場金利で割り引いて現在の価値に引き戻して比較することが必要になります。

③**特殊原価**

　設備投資の代替案にA案とB案の2つがあったとします。この2つの代替案をコスト面で比較する場合，通常は予想される原価総額で比較しますが，例えば，A案をとってもB案をとっても同じように発生する原価は無視しても比較することはできます。このような原価を**埋没原価**といいます。埋没原価をはじめ，比較する複数の代替案の中から1つを選択する意思決定を行うための原価計算に使用する特別な原価のことを**特殊原価**といいます。

　代表的な特殊原価は図表3-48のとおりです。

6 設備投資

◆図表3-48 特殊原価◆

埋没原価	いずれの代替案を選択しても変化しないような原価（比較の対象から外すことが可能）
差額（増分）原価	ある代替案を選択することによって追加的に発生する原価の増減額
機会原価	ある代替案を選択する意思決定をした際に逸失した利益

差額原価とは，ある代替案を選択することにより，現在の原価から追加的に発生（あるいは減少）する原価，すなわち原価の増減額をいいます。

機会原価とは，実際に発生した原価ではなく，特定の代替案を選択し，他の代替案を選択しなかったために逸失した利益のことをいいます。このような原価も含めて意思決定の際に比較を行うこともあります。

(2) 設備投資の経済性評価

設備投資の意思決定を行う際の経済性を評価する方法の代表的なものをみてみましょう。

①投資利益率法

投資利益率（ROI：Return on Investment）**法**は，投資プロジェクトに対する利益率の高い方を選択する方法です。計算は単純ですが，投資が長期にわたる際には増分利益を計算するのは容易ではないという欠点もあります（図表3-49）。

◆図表3-49 投資利益率法の計算式◆

$$ROI = (平均増分利益 \div 平均投資額) \times 100$$

②回収期間法

回収期間（PBP：Payback Period）**法**は，キャッシュ・フローから投資額

を回収するために要する期間を計算し，回収期間が短い案を選択する方法をいいます（図表3-50）。

投資の早期回収，すなわち安全性を重視した選択法ですが，投資額の回収後の経済性については考慮に入れられていません。

◆図表3-50　回収期間法の計算式◆

> PBP＝投資額÷毎年のキャッシュ・フロー

③正味現在価値法

正味現在価値（NPV：Net Present Value）法は，将来のキャッシュ・フローを資本コストで割り引いた現在価値から投資額の現在価値を差し引いた額が大きい方を選択する方法です。キャッシュ・フローに時間概念も取り入れた方法であり，後述する減損会計とも整合する方法ですが，投資効率は評価できないという欠点もあります（図表3-51）。

◆図表3-51　正味現在価値法の計算式◆

> NPV＝将来のキャッシュ・フローの現在価値－投資額の現在価値
> ＊現在価値の割引計算には資本コスト率を用いる。

④内部利益率法

③の正味現在価値法に似た方法として，**内部利益率法**があります。これは，将来のキャッシュ・フローを市場金利により現在価値に割り戻すのではなく，キャッシュ・フローの現在価値が投資額と一致するような割引率を求めるのです。この割引率を内部利益率といいます（図表3-52）。

◆図表3-52　内部利益率法（イメージ）◆

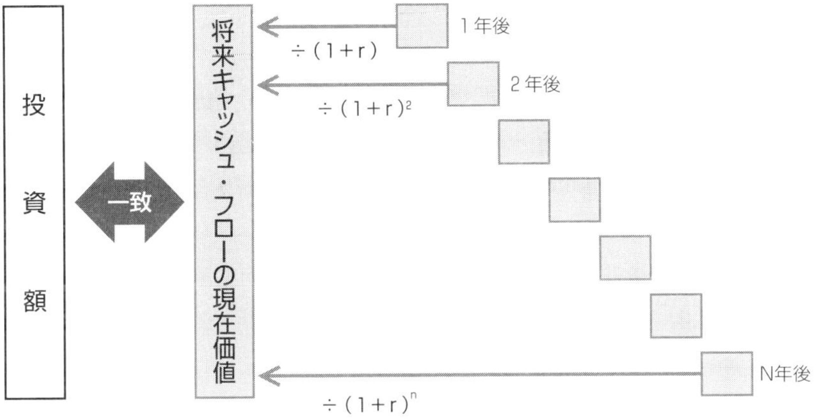

会社が資金調達を行う際に掛かる資本コスト（市場利子率）よりも内部利益率が高ければ，投資はゴーサインを出してもよいということになります。また，この内部利益率が高ければ高いほど投資効率はよいということになります。

3. リースによる設備投資

設備投資の方法として，会社が直接，機械および装置等の有形固定資産を建設・購入するのではなく，リースという手法で調達することがあります。図表3-46の森永乳業㈱の有形固定資産等明細表にも**リース資産**が計上されています。

リース取引とは，一般に図表3-53のような契約関係となっています。

第3章　会社の戦略を知る

◆**図表3-53　ファイナンス・リース取引における契約**◆

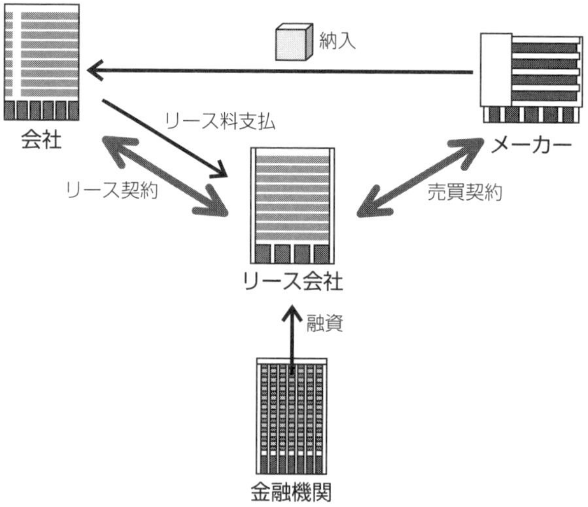

[図：会社 ←納入― メーカー、会社 ⇔ リース会社（リース料支払／リース契約）、リース会社 ⇔ メーカー（売買契約）、金融機関 →融資→ リース会社]

　会社は，リース会社を選び，リースの申込みをします。リース会社は，会社の希望する機械・装置をメーカーに発注し，購入します。機械・装置はメーカーから会社に直接納入され，会社はそれを使って事業活動を行う一方，所定のリース料をリース会社に支払うのです。リース料は，機械・装置の購入原価と金利を回収し，リース会社のための利益が確保されるように設定されているのです。このような金融的な要素をもつリース取引を**ファイナンス・リース取引**といいます。この場合は，所有権がリース会社にあっても，会社が機械・装置を買ったと同様の経済的な便益を享受でき，その代金を長期に分割払いしていることになります。このような実質を重視して，会社はリース物件を「買った」と同様に「リース資産」を貸借対照表に計上するのです。
　レンタルのように，ファイナンス・リース以外のサービス提供型の契約は，**オペレーティング・リース**と呼んでいます。リース取引の主な類型と会計処理は図表3-54のとおりです[15]。

---

15)　①解約不能かつ②フルペイアウトの条件を満たすリース取引。具体的には，リース料総額の割引現在価値が現金で購入する価額の90％以上を占める場合や，リース期間が物件の経済的耐用年数の75％以上を占める場合が該当します。

◆図表3-54　リース取引の類型と会計処理◆

リース取引の種類		会計処理
ファイナンス・リース取引[15]	所有権移転*	売買取引として会計処理
	所有権移転外	
オペレーティング・リース取引		賃貸借取引として会計処理

＊所有権移転条項や割安購入選択権が付されている場合。

4. 固定資産の減損

(1) 減損会計とは

減損会計とは，事業用固定資産の収益性の低下により，投資額の回収が見込めなくなった場合に，一定の条件のもとで，回収可能性を反映させるように帳簿価額を減額する処理をいいます。この場合，通常，「グルーピング」を行い収益性の低下を判断します。グルーピングとは資産グループを作ることで，資産グループとは他の資産または資産グループのキャッシュ・フローから概ね独立したキャッシュ・フローを生み出す最小の単位のことをいいます。つまり，個別の資産が独立したキャッシュ・フローを生むのではなく，ひとまとまりになった資産グループがキャッシュ・フローを生み出すと考えるのです。

ところで**遊休資産**とは，会社の活動にほとんど使用されていない状態にある資産をいいます。遊休資産を多く保有するということは，事業の成果に結び付かない資産を抱えていることを意味し，**6**で説明した資本利益率を悪化させる要因となります。したがって，会社は処分等の今後の対応策を示すことが求められるのです。遊休資産の回収可能価額については，将来の使用が見込まれていないということから，通常，正味売却価額となります。

(2) 減損会計のプロセス

減損会計の適用は，①兆候の有無の検討，②減損損失の認識，③減損損失

の測定の3つのプロセスからなります。

図表3-55のように，②のプロセスで割引前のキャッシュ・フローの合計額を見積り，その額が帳簿価額を下回る場合に減損損失を認識することになります。兆候があった場合に直ちに減損損失を認識せず，割引前のキャッシュ・フローと比較するのは，減損の発生が確実な場合にだけ減損損失を計上しようとする工夫です。

◆ 図表3-55　減損会計適用のプロセス ◆

①減損の兆候の有無の検討

営業損益（キャッシュ・フロー）の継続的なマイナス，事業再編，経営環境の著しい悪化，当該資産の市場価格の著しい下落等が存在

↓

②減損損失の認識

割引前将来キャッシュ・フローの総額(A)と帳簿価額(B)の比較　⇒　(A)が小さい場合認識

↓

③減損損失の測定

減損損失 ＝ 帳簿価額 － 回収可能価額　　※回収可能価額 ＝ max（正味売却価額，使用価値）

③減損損失の測定は，図表3-55からもわかるように，**回収可能価額**を基準に考えます。そのうち，**正味売却価額**とは，売却した場合に手許に残る金額，すなわち売却収入から売却手数料等の費用を差し引いた額です。一方，**使用価値**とは，固定資産を使い続けた場合の価値，すなわち，キャッシュ・フローの正味現在価値のことです。したがって，本節2.(2)③で記述した正味現在

価値法は減損会計と整合した考え方です。当初の投資計画においてキャッシュ・フローが見積られている場合は，計画どおりにキャッシュ・フローが得られているかどうかを検証し，差異がある場合は原因を分析して対策を打つ必要があります。

　2013年3月期まで2期連続で多額の純損失を出し，経営再建中の㈱シャープは，2015年3月期についても過去の設備投資に係る多額の減損損失等を計上し，「米州の液晶テレビやエネルギーソリューションの事業環境悪化に対する対応不足，中小型液晶の市場変化の見誤りと価格下落への対応力・営業

◆ 図表3-56　㈱シャープの減損損失等 ◆

(単位：百万円)

	2010/3	2011/3	2012/3	2013/3	2014/3	2015/3
減損損失（注1）			6,656	47,396	11,770	104,015
（注1）の主なもの			・太陽電池生産設備等	・液晶パネル生産設備等	（・のれん）・デジタル情報家電生産設備	・液晶生産設備
				・AV機器生産設備等		
事業構造改革費用（注2）	20,078	12,655	117,110	143,397	―	21,239
（注2）の主なもの	・液晶パネル工場等の再編（休止固定資産の維持管理費用）					（・人員適正化による解雇費用）等
			・棚卸資産評価損（大型液晶）			
				・減損損失（太陽電池）（・希望退職に係る費用）		
大型液晶事業損失（注3）	―	―	25,877			
（注3）の主なもの			液晶パネル製造設備の操業一時停止による異常操業費用			

(注) 液晶関係について網掛をしています。
出所：㈱シャープ有価証券報告書の損益計算書注記（2011年3月期～2015年3月期）から作成。

力不足などにより，大幅な赤字を計上するに至った。」[16]と説明しています。

　図表3-56は，㈱シャープの過去6年間の設備投資等に係る特別損失の推移です。

　液晶パネル製造設備に着目すると，2010年3月期から2012年3月期までは操業の一時停止による損失を計上していましたが，2013年3月期には減損損失を計上，さらに2015年3月期においても三重県亀山市等にあるディスプレイデバイス事業統括の事業用資産について77,709百万円の減損損失を計上しています。

---

16) ㈱シャープ2015年3月期有価証券報告書「第2　事業の状況　3.対処すべき課題」から抜粋。

第4章

会社の内部管理を知る

1 会社のガバナンスとリスク・マネジメント

　会社の究極の目的は目標利益の獲得です。しかし，それを達成するためにはなりふり構わず営業活動を行っていくだけでは不十分です。会社は社会の一員として果たすべき一定の責任を負っています。また，なんらかの要因で会社の運営が軌道を外れてしまうと，目標利益の達成どころか会社の存続も危うくなってしまいます。会社が歩むべき軌道をまっすぐに進むよう会社は自らを律しなければなりません。コーポレート・ガバナンスはそのために必要な仕組みです。内部統制もその一翼を担います。

　本節では，特に最近重要視されてきたコーポレート・ガバナンスと内部統制について紹介します。

1. コーポレート・ガバナンスとは

　コーポレート・ガバナンスは，「企業統治」と訳されますが，企業に特有のものではなく，あらゆる組織においてその目的を遂行する上で必要な仕組みのことです。つまり，組織の目的を達成し，効率的かつ健全で，透明性のある企業運営と行う仕組み・手法がコーポレート・ガバナンスです。

(1) わが国の法令等におけるコーポレート・ガバナンスの扱い

　上場会社等が作成する有価証券報告書には，「コーポレート・ガバナンス情報」を記載する必要があります。

　提出会社の企業統治の体制の概要およびその体制を採用する理由のほか，内部統制システムやリスク管理体制の整備の状況その他の企業統治に関する事項，内部監査および監査役監査の組織，人員および手続について記載する

こととされています[1]。

(2) コーポレート・ガバナンス報告書とコーポレートガバナンス・コード

　有価証券報告書における記載に加えて，東京証券取引所は従来より決算短信においてコーポレート・ガバナンス関連情報[2]の開示を求めていました。しかし，決算短信における開示内容は各社の裁量に委ねられていたこと，また他の決算情報と一緒に開示されていたことから，比較が難しい状況にありました。そこで，2013年7月から，上場会社について，コーポレート・ガバナンスに関する報告書の開示を求めることとなりました。

　また，㈱東京証券取引所は，2015年6月，「コーポレートガバナンス・コード～会社の持続的な成長と中長期的な企業価値の向上のために～」を公表しました。これは，上場会社の実効的なコーポレート・ガバナンスの実現に資する主要な諸原則を取りまとめたものとされています。

　コーポレートガバナンス・コードは，「コンプライ・オア・エクスプレイン」の手法を採用しているとされています。つまり，上場会社は，コードにある規定に準拠することが原則として求められ，規定の中で自らの個別事情に照らして実施することが適切でないものがあれば準拠しなくてもよいが，それを実施しない理由をきちんと説明しなさいということです。上場会社がこのコードをどのようにコンプライ（準拠）するか，また，どのようにエクスプレイン（説明）するかということは，今後のガバナンスに関する情報開示の中で大きな注目を浴びるテーマとなっていくことでしょう。

　図表4-1は，コーポレートガバナンス・コードの基本原則の要約です。

---

1)　企業内容等の開示に関する内閣府令第四号様式「記載上の注意」。
2)　会社の取組に関する基本的な方針および目的，他の経営上の問題と比較した場合の優先順位等。

第4章　会社の内部管理を知る

◆図表4-1　コーポレートガバナンス・コード(要約)◆

項目	基本原則の要約
株主の権利・平等性の確保	・株主の権利が実質的に確保され，その権利が適切に行使されるよう環境の整備を行うこと ・実質的な平等性の確保，特に少数株主や外国人株主への配慮を行うこと
株主以外のステークホルダーとの適切な協働	従業員，顧客，取引先，債権者，地域社会等と，会社の持続的な成長と中長期的な企業価値の創出に向けて協働すること
適切な情報開示と透明性の確保	・財務・非財務双方にわたる情報を法令で求められているもの以外にも主体的に情報提供に努めること ・開示される情報を，正確で利用者にわかりやすく，情報としての有用性が高いものとすること
取締役会等の責務	・企業戦略等の大きな方向性を示すこと ・経営陣幹部による適切なリスクテイクを支える環境整備を行うこと ・独立した客観的な立場から経営陣・取締役に対する実効性の高い監督を行うこと
株主との対話	・株主総会以外でも株主との間で建設的な対話を行うこと ・それにより，株主の関心・懸念に関心を払い，その理解を踏まえた適切な対応をとること

出所：「コーポレートガバナンス・コード」(㈱東京証券取引所) から作成。

2. 内部統制

　1.で述べたように，コーポレート・ガバナンスとは，企業目的を達成するにあたって，効率的かつ健全な，透明性のある企業運営を行う仕組みをいい，大変広汎な概念です。一方，コーポレート・ガバナンスの一翼を担う機能である**内部統制**とは，経営者をチェックするというより，日常の企業活動において法令を遵守し，効率的，効果的な事業活動を行うためにビルトインされた仕組みを指します。内部統制の構築の責任は経営者が負います。したがって，内部統制は従業員の不正の防止や発見に役立つことが期待されても，経営者自らが内部統制を無効化することはあり得るのです。これまでに起こった企業不祥事の多くは，経営者が会社の内部統制を無効化することによって発生したものといえます。

ここでは，内部統制とは何かをみていきましょう。

内部統制の目的と内部統制の構成要素との間には，直接的な関係があり，その関係は図表4-2で示すようなマトリックスによって描くことができるとされています[3]。

マトリックスの垂直の列は「目的」，行は「構成要素」，もう1つの軸は「事業体の単位」あるいは「活動」となります。

◆図表4-2　内部統制の目的と構成要素との関係◆

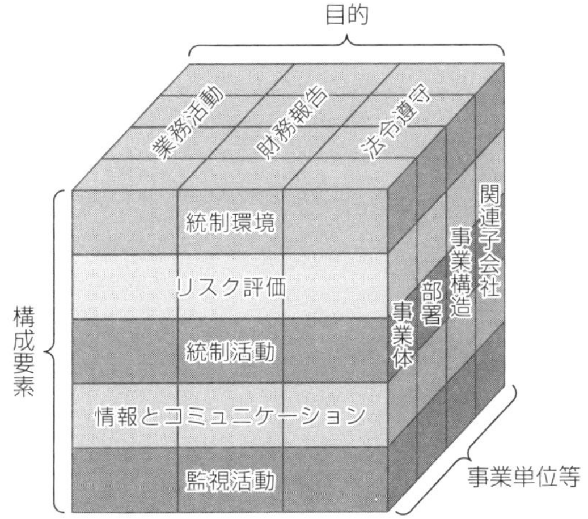

出所：The Committee of Sponsoring Organizations of the Treadway Commission (COSO) [2013] *Internal Control — Integrated Framework*. （八田進二・箱田順哉監訳／日本内部統制研究学会新COSO研究会訳[2014]『COSO 内部統制の統合的フレームワーク』日本公認会計士協会出版局）

(1) 内部統制の目的

内部統制の目的としては，①業務活動（業務活動の有効性と効率性），②財務報告（財務報告の信頼性），③法令遵守（関連法規の遵守）の3つがあげられています。

---

3) The Committee of Sponsoring Organizations of the Treadway Commission (COSO) [2013] *Internal Control — Integrated Framework*. （八田進二・箱田順哉監訳／日本内部統制研究学会新COSO研究会訳[2014]『COSO 内部統制の統合的フレームワーク』日本公認会計士協会出版局）

第4章　会社の内部管理を知る

(2) 内部統制の構成要素

内部統制を構成する要素の内容は図表4-3のとおりです。

◆**図表4-3　内部統制の構成要素**◆

構成要素	内容	例示
統制環境	組織の気風を決定し，組織を構成する人員の統制に対する意識に影響する，内部統制の他の構成要素の基礎となるもの	組織に属する人々の誠実性・倫理的価値観・能力，経営者の哲学・行動様式，経営者の採用した分権化あるいは従業員の能力開発等の手法，取締役会の注意と命令
リスクの評価	内部統制の目的の達成を阻害するリスクを識別・分析することによって，そのリスクをいかに管理すべきかを決定する	—
統制活動	経営者の命令が実行されているとの保証を与えるのに役立つ方針と手続	承認，権限の付与，検証，調整，業績の評価，資産の保全，職務の分離
情報とコミュニケーション	事業体を構成する人々が自己の責任を果たし得るような形式と時間枠で，適切な情報が識別，捕捉，伝達される仕組み	—
監視活動	内部統制システムの機能の質を継続的に評価するプロセスで，その結果判明した内部統制上の欠陥は最高経営者と取締役会に報告される。	日常的監視活動，独立的評価

出所：The Committee of Sponsoring Organizations of the Treadway Commission (COSO) [2013] *Internal Control — Integrated Framework*. (八田進二・箱田順哉監訳／日本内部統制研究学会新COSO研究会訳[2014]『COSO 内部統制の統合的フレームワーク』日本公認会計士協会出版局)

(3) 内部統制の単位

最後の軸は「事業体の単位」あるいは「活動」です。内部統制は企業全体だけでなく，その一部を構成している事業単位や子会社，さらに細分化された職能や活動にも当てはまるとされています。

(4) わが国における内部統制の法制化

金融商品取引法監査においては，2008（平成20）年度より内部統制監査が始まりました。これは，財務諸表監査と一体として行われる監査で，内部統

制の目的のうち,「財務報告の信頼性」に焦点が当てられています。

　金融商品取引法が求める内部統制の評価および監査は,内部統制の目的のうち,②財務報告の信頼性に係るものであるのに対して,会社法に規定する内部統制は,取締役等の善管注意義務を具体化したものとして財務報告の信頼性に限定されず,前述のすべての目的に関連するものと解されています。

3. リスク・マネジメント

　2.で記載したように,上場企業は有価証券報告書において,「コーポレート・ガバナンスの状況」を記載することが求められており,その中で「内部統制システムの整備の状況」や「リスク管理体制の整備の状況」についても記載することが求められています。

　ここで①「内部統制」の構成要素の1つが「リスク評価」であること,②「リスク管理体制」の整備が求められていること,さらには,③有価証券報告書において「事業等のリスク」の記載が求められていることから,企業にとっての「リスク」とは何なのか,またこのように考慮すべき「リスク」はどのようなものなのかを明確に理解することが必要となります。

　一方,「リスク管理体制」とは,いわゆるリスク・マネジメントのことを指し,そこでの「リスク」は,財務諸表の虚偽表示や事業に内在するリスクにとどまらず,企業を取り巻くより広範なリスクを指すと考えられます。一般に,**リスク・マネジメント**とは,企業目的の達成や事業の継続にとって負の影響を及ぼすような要因を組織的にコントロールすること,あるいはコントロールできなかった場合の影響を可能な限り最小化することによって,付加価値の極大化を目指す経営手法の1つをいいます。

　図表4-4は,オリンパス㈱の「リスクマネジメント・危機管理体制」の記載内容です。オリンパス㈱は,2012年,経営陣が過去の粉飾決算により逮捕され投資家の信頼を失墜させたため,現在,不祥事の再発防止と企業再生に向けた活動を展開しています。

第4章　会社の内部管理を知る

◆**図表4-4　オリンパス㈱のリスク・マネジメント**◆

[リスクマネジメント・危機管理体制]
　当社ではリスクに対する様々な予防的対策の強化に取り組んできました。関連する規程を定め，グローバルに施策を展開する組織を整備し，地域単位・組織単位毎に，リスクアセスメントによる評価に基づいたリスク低減の取り組みを行っています。国内ではリスクマネジメント推進委員会を設置し，リスクマネジメント方針，評価検証・対応要領の基本施策の展開を行っています。一方海外では，地域統括会社単位でリスクマネジメントの業務統括責任者が国内同様の展開を行っています。それらの活動状況は国際会議などを通じて本社に集約され，定期的に社長をCSR責任者とし，担当役員を委員長とするCSR委員会を通じて，リスク低減の計画に基づく実行状況として，経営層にモニタリングされています。
　また，「巨大地震に対するBCP対策」をリスク低減活動の重要な項目のひとつとして定義し，東日本大震災の経験を踏まえた対策の整備状況と首都直下型や南海トラフなどの想定される状況を整理し，対策の漏れや訓練などの強化課題を明確にしながら，有事に備えた準備を行っています。
　危機管理体制としては，企業価値の維持に重大な影響を及ぼすような事件・事故が発生した際には，速やかに社長を中心とした経営体制に情報を一元化し，関連部署と連携して対応策を決定し，実行することによって，事態を迅速に収束させ，企業価値への影響を最小に留めるための対応体制を整えています。

出所：オリンパス㈱2015年3月期有価証券報告書「第一部企業情報　第4　提出会社の状況　6.コーポレート・ガバナンスの状況」から抜粋。

4. CSR報告書と統合報告

　会社にとって数値で成績等を表す財務情報の重要性はいうまでもありませんが，財務情報と同様に非財務情報も重要であることは，これまで述べてきたとおりです。非財務情報の例として，有価証券報告書に開示されている経営者・従業員等の情報（➡本章❷2）ならびにリスク情報（➡本章❸），東京証券取引所のコーポレート・ガバナンスに関する報告書（➡本章❶）等に加え，任意でCSR報告書，環境報告書，サステナビリティー報告書等さまざまな非財務情報が提供されています。

　CSRとは，Corporate Social Responsibilityの略で会社の社会的責任を意

味します。これらの書類は法定の書類ではありませんので、記載内容が決まっているわけではありません[4]。

　そのような、非財務情報の充実という流れの先に、最近、統合報告という報告書が注目を浴びるようになってきました。**統合報告**[5]は、将来・長期志向で、会社の戦略あるいは企業価値の向上を前面に出し、財務情報と非財務情報を統合し簡潔に提示する報告書です。

---

[4] グローバル・レポーティング・イニシアティブ（GRI）によるガイドラインがあります。
[5] 国際統合報告審議会（IIRC）による「国際統合報告フレームワーク」が2013年12月に公表されました。

2 会社の人事

　会社を動かすのは人です。会社は優秀な人材を確保し，適所に配置しようとします。一方，人はそれぞれ個人特有の目標をもっています。したがって，個人の目標と会社の目標が相容れなければ組織目標は達成されません。会社にとっては，そのような個人目標に訴えて，組織目標に一致した行動を組織構成員からどのように引き出すかが重要になってきます。つまり，組織構成員が組織目標の達成につながる行動をとるように働きかけなければならないのです。

　このようなことから，会社は会社の中の人に対して，モチベーションを高めるさまざまな工夫を行っています。

1. モチベーションの必要性

　会社の経営目標の達成のためには，PDCAサイクルをうまく機能させることが重要です。しかし，実際にはそう簡単な話ではありません。PDCAサイクルは，単純に歯車が一回転するようなものではなく，すべてのプロセスにおいて人間が介在することにより，複雑になっています。人がどう判断し行

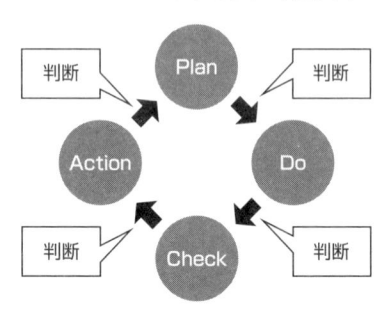

◆図表4-5　PDCAにおける人の判断（イメージ）◆

動するかは一律ではありません。前サイクルの結果を受けてどのように次の
サイクルの行動を実行するのかということについては，人間の判断が必要と
なってきます（図表4-5）。

　このようにみてくると，会社の中の人の気持ち次第で，会社の業績が大き
く影響を受けることが理解できると思います。ここでは，会社の中の人に，
会社の組織目標に一致するように行動させる動機づけのことを**モチベーショ
ン**ということとします。また，モチベーションの誘因となるさまざまな手段
を**インセンティブ**ということとします。

　例として，会社の計画や処遇が人のモチベーションに影響を与えることも
あれば，個人的な目標がモチベーションにつながっていくこともあります（図
表4-6）。

◆ **図表4-6　モチベーションにつながる例** ◆

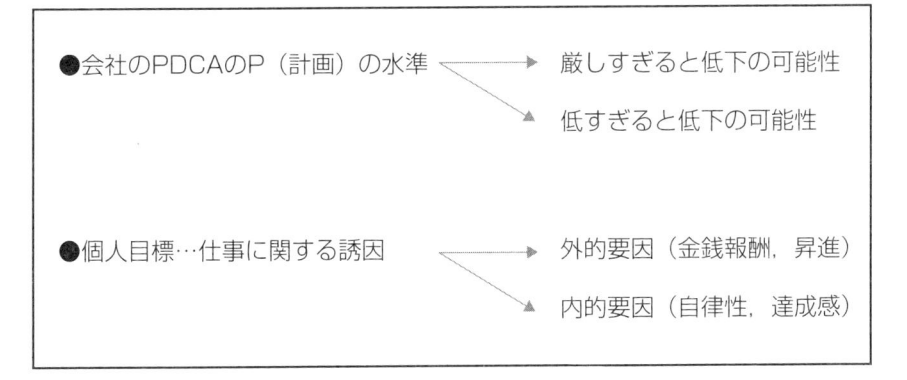

- 会社のPDCAのP（計画）の水準 → 厳しすぎると低下の可能性
　　　　　　　　　　　　　　　　　　低すぎると低下の可能性

- 個人目標…仕事に関する誘因 → 外的要因（金銭報酬，昇進）
　　　　　　　　　　　　　　　　内的要因（自律性，達成感）

　人はそれぞれ個人特有の目標をもっていますが，個人の目標と会社の目標
が相容れなければ組織目標は達成されません。会社にとっては，そのような
個人目標に訴えて，組織目標に一致した行動を組織構成員からどのように引
き出すかが重要になってきます。つまり，組織構成員が組織目標の達成につ
ながる行動をとるようになればよいわけです。このようなことから，会社は

第4章　会社の内部管理を知る

会社の中の人に対して，インセンティブを付与するさまざまな工夫を行っています（図表4-7）。

◆図表4-7　会社の付与するインセンティブの例◆

（非金銭）やりがい……人事評価制度，能力開発制度，昇格制度，人事異動制度，正社員とそれ以外
（金銭）報酬……………賃金（給料）制度，福利費，賞与，退職給付，ストック・オプション

会社の中の人が会社での勤務を通じて自己実現を図っていく，それによりやりがいを感じるとともに会社の業績も向上していく，会社はこのような人事制度を構築していかなければなりません。**賃金制度**は，**人事制度**の1つです。賃金制度は，他の人事制度と密接に関連しています。会社は，賃金制度の整備とともに，定期的に働きぶりを評価する**人事評価制度**，不足する能力を向上させるための**能力開発制度**，**昇格制度**等も整備していく必要があります。

2. 会社の人に関する情報

会社は，有価証券報告書の中で，役員や従業員に関する情報を開示しています。これらの情報から報酬や給料のおおよその水準等がわかります。有価証券報告書の「コーポレート・ガバナンスの状況」に役員報酬の内容を社内取締役と社外取締役に区分して記載することとなっています。

従業員の給与等の水準については，有価証券報告書の「従業員の状況」に，提出会社の従業員の平均年齢，平均勤続年数，平均年間給与が記載されています。

3. 多様化する雇用形態

　近年、人件費の圧縮、就業意識の多様化等を反映し、パート、アルバイト等の正社員以外の雇用者が増加しています。**正社員**について法的な定義はありませんが、一般的に長期雇用を前提として期間の定めのない雇用契約を締結し、社員教育と人事異動を通じて企業内のキャリア形成を予定されている者をいいます。

　これに対して**非正規雇用**とは、態様はさまざまですが、比較的簡易な採用手続のもとで採用され、長期雇用を前提とせず、企業内でのキャリアの形成が予定されていない者をいいます。非正規雇用の大半に共通する特徴として、有期労働者であることがあげられます。従来、非正規雇用は、正社員の業務の補助、季節的に増加する業務に対して雇用されていましたが、最近では、人件費を抑制、削減するため、企業の基幹的、管理的な業務についても非正規雇用を充当することも多くなってきています。

　正社員（正規雇用による社員）に対しては図表4-8で示した給与等がほぼすべて支給されるのに対し、非正社員（非正規雇用による社員）に対する各種制度は不十分な状況となっています（図表4-8）。

◆ **図表4-8　各種制度の適用状況＊** ◆　　　　　　　　　　(単位：％)

	(労働保険)	(社会保険)		退職金制度	賞与支給制度
	雇用保険	健康保険	厚生年金		
正社員	99.5	99.5	99.5	78.2	83.2
正社員以外	65.2	52.8	51.0	10.6	32.4

＊資料出所：厚生労働省「就業形態の多様化に関する総合実態調査」（平成22年）個人調査：第14表。
出所：厚生労働省ホームページ「「非正規雇用」の現状と課題」(http://www.mhlw.go.jp/stf/
　　　seisakunitsuite/bunya/0000046231.html) 2015年10月2日確認。

4. 人件費

人件費とは，労働の対価として支払われる費用およびこれに付随する費用をいいます。人件費は，役員に対する報酬も含み，従業員に対する給与のほか，法定福利費，通勤費，福利厚生費等を含みます。

一方，賃金（広義）とは，賃金（狭義[6]），給料，手当，賞与その他名称のいかんを問わず労働の対価として使用者が労働者に支払うすべてのものをいいます。ここでは，賃金のことを**給与**ということとし，給料，手当，賞与等すべての労働の対価として支払われるものを指すこととします。

図表4-9の分類に沿って，5.では，役員に対する報酬を，6.では従業員に対する給与をみていきたいと思います。

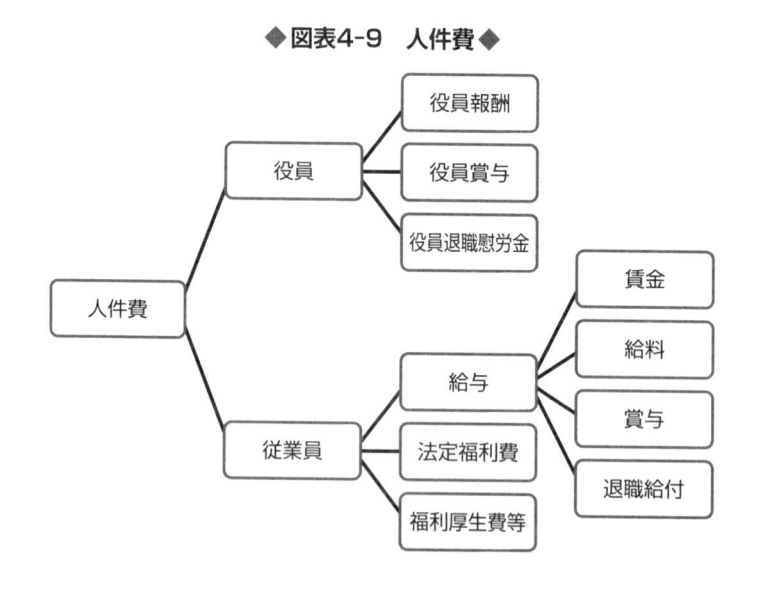

◆図表4-9　人件費◆

```
                    ┌─ 役員報酬
          ┌─ 役員 ─┼─ 役員賞与
          │        └─ 役員退職慰労金
  人件費 ─┤
          │                    ┌─ 賃金
          │          ┌─ 給与 ─┼─ 給料
          └─ 従業員 ─┤         ├─ 賞与
                     ├─ 法定福利費 └─ 退職給付
                     └─ 福利厚生費等
```

---

[6] 工員等製造部門の労働者（いわゆるブルーカラー）に支払われる給与。わが国では給与との明確な区別はありません。

5. 役員に対する報酬

(1) 役員の範囲

　第1章❷で説明したように，株式会社の役員とは取締役および監査役を指します。

　会社法上の大会社において，委員会設置会社となることを選択した場合は，執行役という機関を設置することとなりますが，この執行役も役員等に該当します。

　一方，執行役員制度を導入している場合の執行役員は，特定の事業に関する業務の執行を担当しますが，役員には該当しません。

(2) 役員に支払われる報酬

　役員に対して支払われる報酬には，役員報酬，役員賞与，役員退職慰労金等があります。

　役員報酬とは，役員として行う職務執行の対価をいいます。役員報酬は，通常金銭で支払われますが，ストック・オプションや自社の製品，住宅等金銭以外の利益を職務執行の対価として役員に支給する場合も役員報酬に相当します。

　役員賞与とは，役員に対して臨時に支給されるもののうち，退職慰労金以外のものを指します。役員賞与は，定款の規定や株主総会の決議（委員会設置会社では報酬委員会等の決定）に従って支払われます。会社の利益と連動して決定される傾向が強いとしても職務執行の対価である性格は役員報酬と共通しています。

　役員退職慰労金は，役員が退任する場合，その功績に報いて支払われるもので，報酬の後払い，退職後の生活保障および在任期間中の功労報奨の性格を併せ持っています。

6. 従業員の人件費

(1) 給料

　賃金ないし給料は，労働条件の中でも最も注目の高いものであり，それが社員にとって納得いくものでなければ社員のインセンティブにもマイナスとなってしまいます。

　戦後，わが国の給料制度は，**年功基準**[7]から**能力基準**[8]や**業績基準**へと大きく変化しつつあるといえますが，今後も経済社会の変化を反映して徐々に変化していくものと思われます。会社は，そのような変化に合わせて給料制度を見直していく必要があるとともに，社員の納得のいく制度とし，社員に対して公開していく必要があります。

(2) 年俸制

　年俸制とは，賃金を月次単位の給与＋賞与という形式で捉えるのではなく，労働日数に関係なく，1年単位で決められた賃金体系のことを指します。

　年俸制の賃金体系は，個人の職務遂行能力の評価に基づくいわゆる能力主義賃金といえます。労働基準法上，管理職あるいは契約社員に導入が可能とされていますが，その導入の目的とされているものを図表4-10で示しました。

◆**図表4-10　年俸制導入の目的例**◆

【管理職】
・会社や個人の業績評価の結果を明確に賃金に反映させること
・実力主義，能力主義により社内を活性化すること
・会社経営への参画意識を高めること
・社員の一括管理から個別管理へ移行すること
【契約社員】
・専門的能力のある労働者を確保すること
・個人の業績評価の結果を明確に賃金に反映させること

---

[7] 年齢や勤続年数の増加とともに増加するような賃金体系。
[8] 職務遂行能力を基準とする賃金体系。職能給制度。

(3) 賞与

賞与の起源は,「小遣銭」,「餅代」とされていますが,大部分の会社で支給されています。賞与には,図表4-11のような意義があるとされています。

◆図表4-11　賞与の性格◆

給与の後払い(生活費の補給,賃金調整)
功労報奨
収益分配
慣習

賞与は,本来は企業業績の一部を社員に還元する給料と考えられており,会社の業績に応じた弾力的なもののはずです。しかし,わが国においては,「給与の後払い」的要素も強く,固定的性格を有している場合も少なくないと考えられます。

社員にとっては,固定化された方が収入の安定化につながり生計が立てやすいともいえます。しかし,企業業績が深刻な状況に陥った際には,予告なく削減されるケースもあります。

一方,会社にとっては,賞与の割合が高いことは残業コストや社会保険料を削減する効果[9]があり,また労働条件として明示されないことが多いことから,都合がよいともいえます。しかし,これらは社員側からみるとあまり望ましいこととはいえません。

固定化した賞与制度を改善し,会社業績に連動して社員に還元する仕組みを構築し,それにより社員に会社の売上や利益の向上に向かって努力してもらう制度とすることが,会社と社員が同一目標に向かって協力しあう好ましい労使協力関係の構築に寄与すると考えられます。

---

9) 残業手当等の算定根拠となる基礎賃金に賞与が含まれないことによります。

(4) 法定福利費

法定福利費は，健康保険，厚生年金，介護保険，労災保険，雇用保険等の事業主負担額をいいます。

一般に，健康保険，厚生年金および介護保険を**社会保険**と呼び，労災保険および雇用保険を**労働保険**と呼びます。これらは，事業主と従業員とが負担を折半し，そのうち，事業主負担額を法定福利費として計上するのです（図表4-12）。図表4-13で簡単に内容を紹介しておきます。

◆**図表4-12　法定福利費の種類**◆

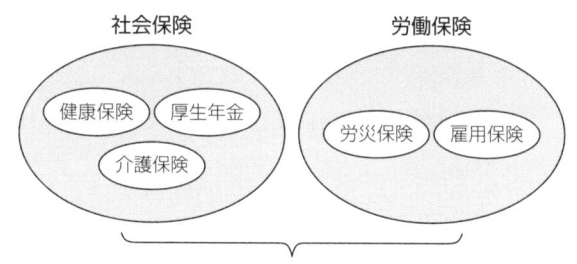

事業主負担額を法定福利費に計上する

◆**図表4-13　法定福利費の内容**◆

社会保険	健康保険	従業員やその家族の病気やけがの治療費の負担等を主な目的とする医療保険
	介護保険	高齢者のうち要介護者の支援を目的とする保険。40歳以上の人は全員公的介護保険に加入し，市町村ないし特別区に保険料を支払う。
	厚生年金	労働者の老齢，障害および死亡について給付を行い，労働者とその遺族の主に老後の生活の安定と福祉の向上を目的とする年金制度
労働保険	労災保険	労働者の業務災害や通勤災害に対する保険給付や労働者の遺族の擁護等を目的とする保険。原則として適用事業所に使用される労働者全員が対象となる。
	雇用保険	労働者の失業や雇用継続困難な事態に際し，給付を行うことにより，労働者の生活の安定や就職活動の支援，失業の予防，雇用状態の是正や雇用機会の増大等福祉の増進を図ることを目的とする保険

(5) 福利厚生費

　福利厚生費は，従業員の福利厚生のための費用であって，法定福利費以外の福利厚生費をいいます。これらは，優秀な人材を確保するための企業の人事政策上の重要な施策の1つとなっています。また，従業員にとっては安心して働けるセーフティネットともいうべき職業環境を作る重要な役割を担っています。図表4-14は，福利厚生費の主な内容です。

◆**図表4-14　福利厚生費の例**◆

- 住宅手当等の補助
- 慶弔金
- 社員食堂の設置・補助
- 文化・体育活動に対する補助
- 健康診断費用の負担
- 社内旅行費用の負担

　福利厚生費総額の最近の傾向としては，全般的に減少ないしは横ばいとなっています。内容的には見直しが図られ，大手企業では**カフェテリアプラン**を導入するところが増加しています。**カフェテリアプラン**とは，従業員に対して，複数の法定外福利厚生施策により構成されたプランを提供し，従業員が付与されたポイントの範囲内（例：1人当たり年間300ポイント，1ポイント＝200円）で，希望するものを選択する仕組みのことです。

　福利厚生費の提供は，企業の個別施策に基づくものと，カフェテリアプランによるものと双方を通じて行われています。

　傾向としては，「住宅」「ヘルスケアサポート」「被服」「ファミリーサポート」に個別施策によるものが多くなっています。一方，「持家援助」および「保険」については，個別施策の割合が高いものの，カフェテリアメニューが占める比率が増加しており，カフェテリアメニューで導入・利用され始めていると推測されるとの報告がなされています[10]。

---

10)　「第56回福利厚生費調査結果報告2011年度（2011年4月～2012年3月）」（2013年1月）（一社）日本経済団体連合会．

(6) 退職給付

退職給付とは，一定の期間にわたり労働を提供したこと等の事由に基づいて退職後に従業員に支給される給付のことを指します。経営の側面からは，重要な人事戦略であり，従業員のインセンティブ機能を取り込むことがカギとなっています。また，会社にとっても金額的に重要な負担であり，経営を左右する要因となります。

①退職一時金制度・企業年金制度の会計処理

退職給付の支払方法は，一時金で支払われる退職一時金と年金で支払われる企業年金制度とに分けられます。いずれにしても会社は，毎期の労働提供に基づき発生した退職給付費用と退職給付に係る負債を認識して計上しなければなりません。つまり従業員が将来において退職するのに伴い，企業が支払わなければならない退職給付（退職一時金方式と退職年金方式の双方がある）の支給に備えて費用と負債を計上するのです。

退職給付の支給は，企業が労働組合との間で締結した労働協約などで義務づけられた避けることのできない支出であるため，この負債は条件付債務の性質をもちます。また退職給付は，従業員の継続的な勤労に起因して将来に支払われるものであり，その勤労は当期の収益の獲得にも貢献していると考えられるため，将来の退職給付のうち当期負担分を費用として計上することによって初めて適切な期間損益計算の算定が可能となります。

②早期退職制度と割増退職金

近時，早期退職制度を導入する会社が増えています。会社の経営合理化の一環として人件費削減のため，あるいは中高年層が増えたことによるポスト不足の解消といった雇用調整の手段として早期退職制度が活用されています。

一方で，従業員にとっては，このような機会を利用して，次の人生設計に踏み出すことも可能となります。

早期退職制度を機能させるのが，退職金の上乗せです。早期割増退職金は

将来の勤務を放棄する代償，失業期間中の補償等の性格を有するものとして捉えられます。したがって，割増退職金については，従業員が早期退職金制度に応募し，かつ当該金額が合理的に見積もられる時点で費用として計上します。

(7) ストック・オプション

ストック・オプションとは，会社が従業員等に対して，一定の期間（＝権利行使期間）内に与えられた価格（＝行使価格）で株式を引き受けることができる権利（＝ストック・オプション）を付与することです（図表4-15）。

ストック・オプションの付与を受けた人は，行使価格がその株式の時価を下回っておれば権利行使して株式を取得し，すぐに売却することで利益を得ることができます。一方，会社にとっては，ストック・オプションの行使により行使価格分の資金が流入するため，大きな資金負担なく従業員等に対してメリットを与えることができます。そのため，ストック・オプションは，会社にとっても，付与される側にとっても都合のよい制度として利用されてきました。特にアメリカにおいては，多くの新興成長企業がストック・オプションを利用して従業員等にインセンティブを与えてきました。

2001年商法改正で新株予約権制度が新設され，ストック・オプションは新

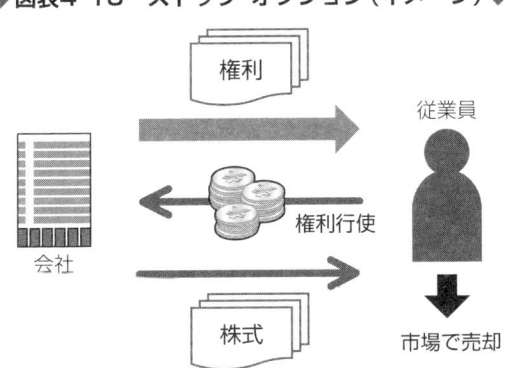

◆**図表4-15　ストック・オプション（イメージ）**◆

株予約権有利発行と位置づけられました。その後，会社法の施行に伴い，制度の柔軟性が高まることになりました。

ストック・オプションを付与した会社は，費用（人件費）及び新株予約権を計上する必要があります。付与対象者を取締役に限定せず理事や部長など上級使用人まで広げている会社が多いですが，どこまで対象者を拡大するかはその会社の姿勢を表しているといえます。

(8) 従業員持株会

従業員持株会は，会社が従業員に対する福利厚生施策の一環として，従業員が自分の勤めている会社の株式を定期的に共同購入し，会員の拠出額に応じて持分を計算する制度です。会社は，従業員へのインセンティブ，福利厚生の一環として従業員持株会を援助，奨励しています。

一般に，会社が従業員持株会を採用する理由として，①安定株主対策，②従業員の財産形成，③従業員の経営への参加意識を高める，④事業継承時の節税対策等があげられています。

7. 公益通報者保護

これまで主として人件費に係るマネジメントを説明してきましたが，これとは別の重要な人に係るマネジメントとして**公益通報者保護**があげられます。わが国でも2004年公益通報保護法が制定され，公益通報をしたことを理由とする公益通報者の解雇を無効とするとともに，公益通報に関し事業者および行政機関がとるべき措置を定めることにより，公益通報者の保護等が図られました。

最近，会社の法律違反等の不祥事が内部者の告発によって明るみに出る事件が多くみられます。この法律は，会社の内部の者がこのような会社の法律違反[11]等の事実を通報することによって，不利益を被らないようにするためのものです。

公益通報者の通報先としては，図表4-16のように内部，行政機関，外部の3種類があります。

◆図表4-16　通報先と保護要件◆

	通報先	保護要件
①	事業者内部（内部通報）	通報対象事実が生じ，または生じようとしていると思料する場合
②	通報対象事実について処分または勧告等をする権限を有する行政機関	通報対象事実が生じ，または生じようとしていると信ずるに足りる相当の理由がある場合
③	事業者外部（通報対象事実の発生またはこれによる被害の拡大を防止するために必要であると認められる者）	②の保護要件および一定の要件（内部通報では証拠隠滅のおそれがあること，内部通報後20日以内に調査を行う旨の通知がないこと，人の生命・身体への危害が発生する急迫した危険があること等）を満たす場合

　会社の内部で起きた不祥事が適切に経営陣に報告され，適時に適切な処分と是正措置がとられるならばこのような公益通報は不要ともいえましょう。しかし，なんらかの事情でそのような情報が隠ぺいされ続ける場合は，それを知っている会社の中の人は矛盾を抱え悩むことになるでしょう。このような場合に備えて，会社としては内部通報のルートを従業員に明確に通知して，通報があった際に公正に対応する体制を整える必要があります。

　これが適切に機能すると組織の問題は改善され透明性が高まりますが，適切に機能しない場合は問題がさらに大きくなります。内部通報のルートに失望した人は事業者外部に訴えることが想定されるからです。内部通報のあった時点で会社が適切に対応をしていなければ，事業者外部に通報された段階で会社の対応が不適切であったとの批判を受けることになります。このようなことから会社はコーポレート・ガバナンスの体制の中に公益通報者保護の体制を構築しています。

11）　刑法，食品衛生法，金融商品取引法，JAS法，大気汚染防止法，廃棄物処理法，個人情報保護法等の国民の生命，身体，財産その他の利益の保護にかかわる法律に規定する罪の犯罪行為の事実を指します。

索 引

A~Z

CSR ……………………………… 157
CSR報告書 ……………………… 156
CVP分析 ………………………… 114
EDINET …………………………… 42
IFRS ……………………………… 68
IR ………………………………… 39
LBO ……………………………… 106
M&A ……………………………… 103
MBO ……………………………… 106
PER ……………………………… 88
ROA ……………………………… 83
ROE ……………………………… 83
TLO ……………………………… 128
TOB ……………………………… 24

あ

安全性分析 ……………………… 80
安全余裕率 ……………………… 115

委員会設置会社 ………………… 27
意匠権 …………………………… 134
インサイダー取引 ……………… 46
インセンティブ ………………… 159
インベスター・リレーションズ（IR） …… 39

売上債権回転率 ………………… 82
売上高営業利益率 ……………… 84
売上高経常利益率 ……………… 84
売上高研究費比率 ……………… 87
売上高増加率（増収率） ……… 87
売上高総利益率 ………………… 84
売上高当期純利益率 …………… 84
売上高付加価値率 ……………… 86
運転資金 ………………………… 119

営業活動 ………………………… 51
営業キャッシュ・フロー対流動負債比率 … 80
演繹的アプローチ ……………… 66

応用研究 ………………………… 128
オペレーティング・リース …… 144

か

会計監査 ………………………… 45
会計監査人 ……………………… 27
会計監査人監査 ………………… 45
会計公準 ………………………… 64
会計参与 ………………………… 31
会社の買収 ……………………… 103
会社法 …………………………… 27
回収可能価額 …………………… 146
回収期間法 ……………………… 141
回転期間 ………………………… 83
開発研究 ………………………… 128
価格差異 ………………………… 118
確定決算主義 …………………… 43
課税所得 ………………………… 43
活動性分析 ……………………… 82
合併 ……………………………… 104
カフェテリアプラン …………… 167
株価 ……………………………… 25
株価収益率（PER） ……………… 88

173

株価純資産倍率	88		基礎研究	128
株券電子化	18		帰納的アプローチ	66
株式	16		機能別分類	111
株式会社	16		キャッシュ	51
株式交換	104		キャッシュ・フロー経営	125, 126
株式持ち合い	25		キャッシュ・フロー計算書	51
株主資本等変動計算書	52		キャッシュ・フローを用いた分析	124
株主資本比率	126		吸収合併	104
株主総会	28		吸収分割	105
株主代表訴訟	17		給与	162
貨幣的測定の公準	64		給料	164
関係会社	69		共益権	17
監査	44		業績基準	164
監査(等)委員会	30		業務活動の有効性と効率性	153
監査等委員会設置会社	27		業務監査	45
監査役会	30		金融商品取引法	41
監査役監査	44		金融ビッグバン	20
監視活動	154			
勘定式	50		グルーピング	145
間接金融	123		グループ経営	98
間接費	111		黒字倒産	122
間接法	52			
完全支配関係	77		経営計画	91
カンパニー制組織	33		経営資産回転率	82
管理会計	38		経営資本利益率	85
管理可能費	112		経営理念	90
管理不能費	112		経過勘定	61
関連会社	69, 73		計画機能	93
			計算書類	40
機会原価	141		継続企業の公準	64
機関	27		形態別分類	111
期間原価	110		決算整理	56
期間的対応	58		決算短信	44, 78
企業会計原則	63		限界利益	116
企業間信用	120		原価管理	117
企業実体の公準	64		原価企画	118
企業集団	69		原価計算	108

減価償却 59
研究開発活動 127
現金及び現金同等物 51, 120
現金資金 119
現金主義会計 57
建設仮勘定 138
減損会計 145

公益通報者保護 170
公開会社 30
公開買付 24
合計残高試算表 56
貢献利益 116
工程別総合原価計算 114
コーポレート・ガバナンス 150
子会社 69
国際会計（財務報告）基準 67
固定性配列法 50
固定長期適合率 81
固定費 112
固定比率 81
個別原価計算 114
個別的対応 58
コンバージェンス 68

さ

財産法 64
財務会計 38
財務活動 51
財務諸表 41
財務報告の信頼性 153
差額原価 141
サステナビリティー 156
サプライチェーン・マネジメント 126
産業財産権 134

仕入債務回転率 82

自益権 17
時価基準 67
時間概念 139
事業（本）部制組織 33
事業譲受 104
事業部利益 116
資金 119
資金管理 119
資金繰り 119
資金不足期間 121
自己株式 24
自己資本規制 20
自己資本比率 81
自己資本利益率 85
資産 55
資産負債アプローチ 65
自社株買い 24
市場評価分析 87
執行役 29
執行役員 30
実際原価 109
実施許諾 136
実用新案権 134
支配力基準 70
支払資金 119
四半期決算 42
四半期予算 97
資本 55
資本集約度 86
資本政策 18
指名委員会等設置会社 27
社会的責任 22
社外取締役 29
社会保険 166
社債 38
社是 90
収益 55

175

収益性分析	83	税務会計	43
収益費用アプローチ	65	セグメント情報	74
従業員1人当たり売上高	86	設備生産性	86
従業員1人当たり人件費	86	設備投資	137
従業員持株会	170	設備投資の意思決定	139
取得原価主義	67	説明責任	16
種類株式	20	ゼロベース予算	97
純粋持株会社	99	全部原価	110
昇格制度	160	戦略	92
使用価値	146		
証券取引所	17	総勘定元帳	56
証券取引等監視委員会	47	早期退職制度	168
上場	17	総合原価計算	114
商標権	134	総資産回転率	82
情報とコミュニケーション	154	総資産利益率	85
正味運転資金	119	損益計算書	50
正味現在価値法	142	損益分岐点	115
正味売却価額	146	損益分岐点比率	115
賞与	165	損益法	64
職能別組織	32		
仕訳	56	**た**	
人件費	162	貸借対照表	49
人事制度	160	退職一時金	168
人事評価制度	160	退職給付	168
新設合併	104	代表取締役	29
新設分割	105	たな卸回転資産日数	126
		棚卸資産回転率	82
数量差異	118	短期資金	122
ストック	48		
ストック・オプション	169	知的財産権	134
		長期資金	122
生産性分析	86	長期支払能力分析	80
正社員	161	調整機能	93
製造原価明細書	107	直接金融	123
成長性分析	87	直接原価計算	116
制度会計	39	直接費	111
製品原価	110	直接法	51

賃金制度	160	配当性向	88
定額法	60	配当政策	22
定款	19	配当利回り	88
ディスクロージャー制度	38	配賦	112, 113
定率法	60	発行可能株式総数	19
敵対的買収	24	発生主義会計	57
		バリュー（価値観）	91
統合報告	157	引当金	61
当座比率	80	非財務情報	156
投資活動	51	非支配株主持分	72
投資利益率法	141	ビジョン（あるべき姿）	91
統制活動	154	非正規雇用	161
統制環境	154	1株当たり純資産	88
統制機能	94	1株当たり純利益	88
特殊原価	140	費用	55
独立役員	29	費用収益対応の原則	58
特許権	134	標準原価	109
取締役	29	標準原価計算	117
取締役会	29		
		ファイナンス・リース取引	144
な		賦課	113
内部統制	152	付加価値	86
内部利益率法	142	複式簿記	55
内部留保率	88	福利厚生費	167
		負債	55
任意適用	68	負債比率	81
		普通株式	19
年金	168	部分原価	110
年功基準	164	フリー・キャッシュ・フロー	125
年俸制	164	フロー	48
		プロフィット・センター	33
能力開発制度	160	分割	105
能力基準	164	分権化	33
は		変動費	112
買収防衛策	25	変動予算管理	97

177

包括利益	65	予算差異	95
報告式	50	予算執行	94, 95
法人税	43	予算スラック	96
法定福利費	166	予算の流用	95
法令遵守	153	予算編成	94
簿記の5要素	55	予算編成方針	94
		予定原価	109
		予備費	95

ま

埋没原価	140
マネジメント・アプローチ	75
ミッション（使命）	91
無形固定資産	135
持株比率	70
持分法	73
モチベーション	159

ら

ライセンス	136
リース資産	143
リーマンショック	26
リスク・マネジメント	155
リスクの評価	154
流動性配列法	50
流動性分析	80
流動比率	80
臨時計算書類	41
臨時報告書	42
連結財務諸表	69
連結納税制度	77
労働生産性	86
労働装備率	86
労働分配率	86
労働保険	166

や

役員賞与	163
役員退職慰労金	163
役員報酬	163
有価証券報告書	42
遊休資産	145
有形固定資産	137
有形固定資産回転率	82
優先株式	20
有利子負債依存度	80, 126
予算	92
予算管理	92

わ

割増退職金	169

《著者紹介》

清水　涼子（しみず　りょうこ）
関西大学大学院会計研究科教授（会計学）　公認会計士
1982年東京大学法学部卒。同年シティバンク, N.A.東京支店入行。1989年中央新光監査法人入所。一般企業及び公的部門の監査及びアドバイザリー業務に従事。国際会計士連盟国際公会計基準審議会日本代表委員（2004年～2005年）。2007年4月より現職。政府審議会委員，株式会社社外監査役等を歴任。

平成28年3月30日　初版発行　　　　　　　　略称：会社の見方

強い会社のマネジメントを探る
会社の「見方」

著　者　　Ⓒ 清　水　涼　子
発行者　　　　中　島　治　久
発行所　　同 文 舘 出 版 株 式 会 社
東京都千代田区神田神保町1-41　〒101-0051
営業 (03) 3294-1801　　編集 (03) 3294-1803
振替 00100-8-42935　http://www.dobunkan.co.jp

Printed in Japan 2016　　　　　　　　製版　一企画
　　　　　　　　　　　　　　　　印刷・製本　三美印刷
ISBN978-4-495-20421-1

JCOPY 〈出版者著作権管理機構 委託出版物〉
本書の無断複製は著作権法上での例外を除き禁じられています。複製される場合は、そのつど事前に、出版者著作権管理機構（電話 03-3513-6969、FAX 03-3513-6979、e-mail: info@jcopy.or.jp）の許諾を得てください。